MANFRED SCHMIDT

SPRICH GOTTES WORT

70 BIBLISCHE GEBETE

Die Bibelstellen wurden der Schlachter-, der Elberfelder-, der King James- und der Amplified Bibel entnommen.

2. überarbeitete Auflage 2015

Herausgabe und Vertrieb:
SHALOM-VERLAG
Nibelungenstraße 1
94086 Bad Griesbach
Deutschland

Satz & Layout: Michael Schmidt

Druck: Booksfactory, www.booksfactory.de

Illustrationen: Shutterstock, Johan Swanepoel

ISBN: 978-3-944851-66-2

INHALTSVERZEICHNIS

Vorwort

Millionen von Christen haben im Laufe der Jahrhunderte entdeckt, dass hinter Glaubensgebeten eine große Kraft steckt. Beten muss nicht starr oder religiös, sondern sollte lebendig und autoritär sein. Gott sagt in Seinem Wort, der Bibel, dass Er Gebet erhört und dass das Gebet eines Gerechten viel vermag. Deshalb möchten wir mit diesem Buch allen Personen Hilfestellung geben, die effektiv beten wollen, wobei natürlich das Wort Gottes selbst die Grundlage bildet. Gott wacht auch heute noch über Seinem Wort, um es auszuführen und erhört die Gebete Seiner Kinder.

Gebet ist die mächtigste Waffe der Christen gegen die Machenschaften des Teufels und bewirkt, dass hier auf Erden Gottes Wille geschieht. Es ist auch der Schlüssel zur Erweckung, denn wo Christen richtig beten, geschehen Zeichen und Wunder. Es lohnt sich immer, Zeit im Gebet und in der Fürbitte zu verbringen. Lasst uns also gemeinsam im Gebet für die Verlorenen dieser Welt, für unser Land, für unsere Familien, Freunde und Geschwister im Herrn einstehen. Jeder Christ ist dazu berufen, zu beten und Fürbitte zu leisten.

Jeder sollte natürlich zuerst bei sich selbst mit bevollmächtigten Gebeten beginnen. Der Herr wird auch im Gebet Treue belohnen und jedem, der ausdauernd ist, größere Gebetsverantwortung schenken.

Wir wollen mit diesem Buch „Sprich Gottes Wort“ eine Grundlage für ein im Glauben geführtes und auf das Wort Gottes gegründetes Leben im Gebet schaffen, das wunderbare Ergebnisse hervorbringen wird.

Die Gebete und Bekenntnisse in diesem Buch, welche man auch als CD-Hörbuch erwerben kann - siebzig an der Zahl - sollen Dir helfen, in den verschiedensten Situationen wirksame Gebete zu proklamieren.

Natürlich konnten nicht alle Bereiche abgedeckt werden, aber der Heilige Geist wird Dir gerne helfen, weitere Gebete mit neutestamentlichen Schriftstellen zusammenzustellen. Wie erwähnt, gilt das Buch als Einstieg und Starthilfe. Dabei kannst Du den Vater und Sein Wort besser kennenlernen und im Glauben wachsen. „Sprich Gottes Wort!“ ist nicht nur zur persönlichen Anwendung gedacht, sondern eignet sich auch sehr gut für Fürbitte- und Gebetsgruppen.

Manfred Schmidt

1

ANBETUNG

„Geheiligt werde Dein Name“

„Unser Vater im Himmel, geheiligt werde Dein Name! Herr, ich will Dich von ganzem Herzen preisen und Deine Wundertaten erzählen. In Dir, Du Höchster, will ich mich freuen, frohlocken und Deinen Namen besingen.

Auf Dich vertrauen, die Deinen Namen kennen, denn Du verlässt diejenigen nicht, die Dich suchen.

Lobe den Herrn, meine Seele! Herr, mein Gott, Du bist sehr groß; mit Majestät und Pracht bist Du bekleidet.

Lobe den Herrn, meine Seele, und alles, was in mir ist, preise den Herrn. In Deinem Ebenbild hast Du mich geschaffen, hast mein Leben aus der Grube erlöst und mich mit Gnade und Erbarmen gekrönt. Du vergabst mir alle meine Sünden und heiltest alle meine Krankheiten. Du machtest meine schlechten Erfahrungen zu guten, weil Du nur das Beste für mich willst.

Du sättigst mich mit Gutem und erneuerst meine Jugend wie bei einem Adler. Weil ich Dir vertraue, gewinne ich neue Kraft; ich laufe und ermatte nicht; ich gehe und ermüde nicht.

Deine Gnade währt von Ewigkeit zu Ewigkeit, und weil ich Dich ehrfurchtsvoll anbete und respektiere, geht Deine Gerechtigkeit bis auf meine Kindeskinder. Du bist barmherzig und gnädig, langsam zum Zorn und groß an Gnade. Weil ich ganz auf Dich vertraue und mich nicht auf meinen Verstand verlasse, ebnest Du meine Wege.

Fülle von Freuden sind vor Deinem Angesicht und Deine Rechte ist voller Lieblichkeiten. Bei Dir bekomme ich alles, was ich brauche, denn nichts ist für Dich unmöglich.

Weil ich mich bei Dir berge, kann ich voller Freude sein

und immerzu jubeln, da Du mich beschirmst. Ich liebe Deinen Namen und ehre Dein Wort und Du umgibst mich mit einem Schild des Schutzes. Du bist meine Zuflucht, meine Burg und Du errettest mich von meinen Feinden, von dem Schrecken der Nacht, von den Seuchen, die im Finstern lauern.

Du bist mein Hirte, und mir wird an nichts mangeln, was ich zum täglichen Leben brauche. Du versorgst mich überreich, damit ich zum Segen anderer werde.

Weil Du für mich bist und weil Du mich nicht verlässt noch versäumst, bin ich getröstet und ermutigt und verkünde zuversichtlich, dass der Herr mein Helfer ist und mich nichts von der Liebe Gottes scheiden kann.

Vater, ich setze Deinen Namen und das Wort über alles andere. Das Wort war am Anfang bei Dir, und es wurde Fleisch und wohnte unter uns und Sein Name ist Jesus! Geehrt und erhoben sei Dein Name! Alle Knie werden sich vor Dir beugen und alle Zungen werden bekennen, dass Du Herr bist! Amen!"

Bezugsstellen:

Psalm 9,2-3/ Psalm 103,1-2/ Jesaja 40,31/ Psalm 16,11/ Psalm 23,1/ Psalm 9,11/ 1. Mose 1,24/ Psalm 103,17/ Psalm 5,12/ Römer 8,31-39/ Psalm 104,1/ Psalm 103,3/ Sprüche 3,5-6/ Psalm 91

2

HOFFNUNG AUF SEIN KOMMEN

„Dein Reich komme"

„Vater, ich bete gemäß Matthäus 6,10, dass Dein Reich komme.

Durch die Neue Geburt bin ich zu Deinem Kind geworden und habe das Bürgerrecht im Himmel erhalten. Ich befleißige mich, durch meinen Wandel hier in diesem Erdenleben alles zu tun, was dem Aufbau und der Förderung Deines Reiches dient.

Ich stehe in der Hoffnung, Dich zu sehen, wie Du bist, und ich erfreue mich auf das Offenbarwerden dessen, was wir sein werden. Wegen dieser Hoffnung reinige ich mich und lebe in Wahrhaftigkeit und Lauterkeit.

Herr, durch Deine Gnade, die uns das Heil gebracht hat, werden wir unterwiesen, Gottlosigkeit und weltliche Lüste abzulegen und in diesem jetzigen Zeitlauf gerecht und gottesfürchtig zu leben, indem wir uns auf die Offenbarung unserer glückseligen Hoffnung, über die Erscheinung der Herrlichkeit unseres Heilandes, unseres Erlösers und Messias, freuen.

Dein in uns wohnender Geist macht unsere sterblichen Leiber lebendig, wie Er auch Christus aus den Toten auferweckt hat, und das Sterbliche wird Unsterblichkeit anziehen, um das Wort zu erfüllen: ‚Verschlungen ist der Tod im Sieg!' Ich freue mich über Dein Geheimnis, dass nicht alle entschlafen werden, sondern in einem Augenblick, verwandelt werden; dass das Verwesliche Unverweslichkeit anziehen wird und das Sterbliche Unsterblichkeit. Denn Du, Herr, wirst beim Befehlsruf, bei der Stimme eines Erzengels, bei dem Schall der Posaune Gottes vom Himmel hernieder kommen, und die Toten in Christus werden zuerst auferstehen. Danach werden auch wir, die Lebenden, die übrigbleiben, zugleich mit ihnen dem Herrn entgegen in die Luft entrückt werden und werden so allezeit bei Ihm sein und uns unserer Bürgerschaft im Himmel erfreuen (= Entrückung).

Ich danke Dir, Herr, dass Du auf die Erde zurückkommen und hier zusammen mit allen Heiligen und Engeln Dein Reich aufrichten wirst. Ich danke Dir, dass Du in Gerechtigkeit regieren und König über die ganze Erde sein wirst. Ich preise Dich, dass wir mit Dir herrschen werden, alles Leid aufhören wird und alle Tränen abgewischt werden.

Dein baldiges Kommen erfüllt mich mit ausgesprochener Freude und Begeisterung und motiviert mich zu Werken der Gerechtigkeit, die Du für mich vorbereitet hast. Du bist würdig, über alles als Haupt erhoben zu werden. Dein ist das Reich, Dein ist der Sieg, die Größe, die Kraft und die Herrlichkeit und alles sei Dir untertan!

Dein Reich komme! Amen!“

Bezugsstellen:

Matthäus 6,10/ Titus 2,11-14/ Römer 8,11/ 1. Thessalonicher 4,16-17/ 1. Johannes 3,2-3/ 1. Korinther 15,54/ Offenbarung 11,15/ Epheser 2,20/ 1. Korinther 15,51/ Epheser 2,10

3

GEHORSAM

„Dein Wille geschehe“

„Vater, es ist mein innigster Wunsch, dass Dein Wille in meinem Leben hier auf dieser Erde, so wie im Himmel, geschehe!

Tue mir den Weg kund, den ich einschlagen soll; lehre mich, nach Deinem Wohlgefallen zu handeln; unterweise mich in dem Plan, den Dein göttlicher Ratschluss für mich vorherbestimmt hat.

Ich bin Dein Gebilde, in Christus Jesus neu geschaffen und zu guten Werken vorgesehen, die zur Förderung Deines Reiches und zur Erbauung Deines Leibes dienen und die Du für mich vorbereitet hast, damit ich in ihnen wandle.

Es war das Wohlgefallen Deines Willens, das uns vor der Grundlegung der Welt auserwählt hat, damit wir in Liebe heilig und tadellos vor Dir seien. Du hast mich durch Jesus Christus zur Sohnschaft für Dich selbst vorherbestimmt. Du hast mich von diesem gegenwärtigen Weltsystem befreit, auf dass ich durch Deinen Geist und Dein Wort diesen Lauf gemäß Deinem Willen vollende.

Ich verpflichte mich, nicht mehr dieser Welt gleichförmig zu sein, sondern durch die Erneuerung meines Sinnes verwandelt zu werden, damit ich prüfen kann, was der gute, wohlgefällige und vollkommene Wille Gottes ist. Ich ordne mich der Autorität Deines Wortes unter und weiß, dass mir alle Dinge, die mit Deinem Wort übereinstimmen, zum Besten dienen werden.

Dein Wort sagt mir, dass meine Heiligung und Absonderung Dein Wille ist. Ich bekenne hiermit, dass ich meinen Körper gemäß Deinem Wort in Ehre und Würde kontrollieren und ihn nicht für fleischliche Leidenschaften gebrauchen werde.

Vater, in Jesu Namen bitte ich Dich, erfülle mich mit der Erkenntnis Deines Willens, in aller Weisheit und geistlichem Verständnis, damit ich Deiner würdig wandle und dem Namen Jesu kein schlechtes Zeugnis bereite, dass ich in jedem guten Werk Frucht bringe und durch die Erkenntnis Deines Willens wachse, nach der Macht Deiner Herrlichkeit gekräftigt bin, in allem Ausdauer und Langmut besitze und Dir voller Freude danksagen kann.

Dein Wille geschehe in meinem Leben auf der Erde so, wie im Himmel. Amen!"

Bezugsstellen:

Matthäus 6,10/ Epheser 3,10/ Kolosser 1,9-11/ Psalm 143,8-10/ Römer 12,2/ Psalm 32,8/ Römer 8,28

4

VERGEBUNG

„Vergib uns unsere Schuld“

„Vater, ich danke Dir, dass ich in Jesus durch Sein Blut die Erlösung habe, sowie die Vergebung aller meiner Sünden, nach dem Reichtum Deiner Gnade. So wie Du mir vergeben hast, Herr, will auch ich allen vergeben, die mich auf irgendeine Weise verletzt oder sich mir gegenüber schlecht verhalten haben. Dein Wort sagt, wenn ich jemandem die Sünden vergebe, dann wird mir auch vergeben. Dafür danke ich Dir.

Ich will nicht nur ein Hörer, sondern auch ein Täter des Wortes sein und handle deshalb gemäß der Stelle in Deinem Wort, wo es heißt: ‚Liebe deine Feinde und bete für die, die dich verfolgen.' Ich will diesen Menschen nicht nur vergeben, sondern auch für sie beten und sie segnen. Lasse ihnen Deinen Frieden, Deine Segnungen und Dein Wohlgefallen zuteil werden, Herr.

Ich entscheide mich auch, hinter meinem Gebet zu stehen und mich diesen Menschen gegenüber so zu verhalten, wie es in Deinen Augen recht ist - indem ich ihnen Gutes erweise und ihnen gegenüber sanft, mitfühlend und freundlich bin. Ich habe Christi Sinn und will Dich, lieber Vater, in allem nachahmen.

Herr, ich danke Dir auch, dass ich von Deinem Frieden und Deiner Liebe erfüllt bin und dass dieser Friede und diese Liebe auch auf die Menschen, für die ich bete, übergehen wird. Ich werde an den Personen, die gegen mich sind oder mir gegenüber falsch handeln, keinen Anstoß nehmen, egal, wie sie sich auch verhalten. Auf meinen Lippen sollen stets solche Worte sein, durch die andere gesegnet werden.

Danke, Vater, dass Dein Leben, Deine Freude und Deine Kraft allezeit, auch bei Verleumdungen, Verfolgungen und Verletzungen, in mir sind.

Ich gebe diese Sache jetzt ganz in Deine Hände. Ich vertraue darauf, dass du alles zum Besten wenden wirst. In Jesu Namen, Amen!"

Bezugsstellen:

Epheser 1,7/ Matthäus 5,44/ Römer 12,20-21/ Lukas 7,23/ Matthäus 6,12/ Lukas 6,28/ 1. Korinther 2,16/ Römer 12,14/ Jakobus 1,22/ 1. Petrus 2,8-9/ Epheser 5,1/ Römer 8,28

5

VERTRAUEN IN GOTTES FÜHRUNG

„Führe uns nicht in Versuchung"

„Vater, ich achte es für lauter Freude, wenn ich aufgrund von gerechtem Handeln und Verhalten in mancherlei Verfolgungen und Anfechtungen gerate, da ich weiß, dass die Bewährung meines Glaubens Ausdauer bewirkt. Wenn ich versucht werde, so sage ich nicht, ich werde von Gott versucht, denn Gott kann vom Bösen nicht versucht werden, Er selbst aber versucht auch niemanden.

Es hat mich also nur eine menschliche Versuchung ergriffen, doch Gott ist treu; Er wird es nicht zulassen, dass ich über mein Vermögen hinaus versucht werde, sondern Er wird mit der Versuchung auch den Ausgang schaffen, so dass ich sie überwinden kann.

Du selbst, Herr Jesus, bist wie Adam versucht worden, doch Du hast standgehalten und bist als Sieger hervorgegangen. Weil ich Deine Natur und Dein Leben in mir habe, werde auch ich in der Lage sein, der Versuchung zu widerstehen und sie zu überwinden. Mein Geist möchte Deinen Wegen folgen und ich bete, dass auch mein Fleisch stark ist, den Versuchungen der Welt zu widerstehen.

In Jesus habe ich einen Hohenpriester, der Barmherzigkeit mit allen meinen Schwachheiten hat, der bereits auf derselben Weise versucht worden ist wie ich, doch ohne zu sündigen. Vater, deshalb kann ich mit Freimütigkeit am Thron der Gnade stehen und von Dir Barmherzigkeit und Gnade zur rechtzeitigen Hilfe empfangen.

Ich will allezeit nüchtern und wachsam sein und dem Teufel durch den Glauben widerstehen, so dass er von mir fliehen muss. Ich will wachsam sein und beten, damit ich in Zeiten der Versuchung siegreich bin! Amen."

Bezugsstellen:

Jakobus 1,2,3-13/ 1. Johannes 5,4/ 1. Petrus 5,8/ 1. Korinther 10,13/ Matthäus 26,41/ Jakobus 4,7; Lukas 4,1-13/ Hebräer 4,15-16/ Lukas 22,46

6

EL-SHADDAI – DER HERR MEIN VERSORGER

„Unser tägliches Brot gib uns heute“

„Vater, ich danke Dir, dass in Deinem Wort so wunderbare Verheißungen sind und dass Du in jeder Hinsicht für Deine Kinder sorgst!

Ich danke Dir für Speise, Kleidung und Unterkunft, Herr. Du hast gesagt, dass wir um unser Leben und darum, was wir essen und trinken sollen oder bezüglich unseres Leibes, was wir anziehen sollen, nicht besorgt sein sollen. Denn unser Leben ist mehr als Speise und unser Leib ist mehr als Kleidung. Du hast uns verheißen, dass Du für uns sorgst, weil wir in Deinen Augen viel kostbarer sind als diese Dinge.

Ich will also zuerst nach Deinem Reich trachten und darauf vertrauen, dass Du mir all diese notwendigen Dinge, wie verheißen, zuteilst. Du bist es, der großzügig all meiner Not begegnet nach dem Reichtum Deiner Herrlichkeit in Christus Jesus. Ich danke Dir von ganzem Herzen dafür!

Mein Leben ist nicht allein von natürlicher Speise abhängig, sondern auch von jedem Wort, das aus Deinem Munde hervorgeht - und alle Deine Worte sind wunderbar und wahr.

Du bist das Brot des Lebens, Herr. Ich komme zu Dir und mich wird niemals mehr hungern, und ich glaube an Dich, so dass ich nie mehr dürsten werde. Du sorgst in jeder Hinsicht für mich - geistlich, seelisch, körperlich und materiell. Ich danke Dir, dass Du mir geistliche Stärke und Speise gibst, die meinen inneren Menschen beleben und erbauen. Ich bin begierig nach der geistigen, unverfälschten Milch, damit ich durch sie zunehme und wachse.

Danke, Vater, dass Du für mich El-Shaddai bist - mein Versorger! Amen!“

Bezugsstellen:

Matthäus 6,25-34/ Psalm 119,129-142/ 1. Petrus 2,2/ Philipper 4,19/ Johannes 6,35/ Matthäus 4,4/ 3. Johannes 2

7

LOB UND PREIS

„Denn Dein ist das Reich und die Kraft und die Herrlichkeit“

„Herr, ich trete vor Dich hin und möchte Deinen Namen, der über allen Namen ist, erheben! Dich will ich allezeit preisen und beständig soll Dein Lob in meinem Munde sein! In Dir, Herr, soll sich meine Seele rühmen!

Dir, Herr, soll jauchzen alle Welt und ich, Dein Kind, will Dir stets mit Freuden dienen. Deshalb komme ich mit Jubel vor Dein Angesicht! Jeder Mensch in unserer Umgebung soll erkennen, dass Du, Herr, Gott bist! Du hast mich geschaffen und nicht ich mich selbst. Ich trete mit Dank und Lobgesang vor Dich hin! Auch in schwierigen Situationen will ich Dich preisen und allen Menschen, mit denen ich in Berührung komme, Deine Wundertaten erzählen! Ich preise Dich, Herr, und sage Dir Dank, denn Du bist gut und Deine Gnade währt ewiglich!

Alle Deine Wege, Herr, sind vollkommen und Dein Wort ist bewährt. Du bist ein Schild für alle, die sich bei Dir bergen. Dein Wort ist eine Leuchte für meine Füße und ein Licht auf meinem Pfad. Dein Wort belebt mich und ich werde es nie vergessen.

Ich bete Dich an, Herr, und preise Deinen Namen, Deine Güte, Deine Wahrheit und Treue. Du hast Dein Wort über Deinen Namen groß gemacht.

Ich will jeden Tag meines Lebens von Dir erzählen, Dir Loblieder singen, meine Hände zu Dir erheben und Dir alle Ehre geben! Gepriesen sei Dein Name! Amen!“

Bezugsstellen:

Psalm 34,2-4/ Psalm 18,31/ Psalm 71,8/ Psalm 100,1-5/ Psalm 119:93,105/ Psalm 134,2/ Psalm 78,3-4/ Psalm 138,2/ Psalm 96,1-2.8

8

EIN PERSÖNLICHES GEBET, UM JESUS ALS HERRN UND ERLÖSER ANZUNEHMEN

„Vater, Dein Wort sagt, dass jeder, der den Namen des Herrn anruft, errettet wird. Ich tue dies jetzt in diesem Augenblick - ich wende mich im Namen Jesu Christi zu Dir. Ich erkenne, dass ich, so wie ich bin, nicht vor Dir bestehen kann und dass meine eigenen Werke und Anstrengungen nutzlos sind, um in Deinen Augen gerecht zu sein. Deshalb bin ich mir dessen bewusst, dass ich ein Sünder bin und Deine Vergebung brauche. Ich will von meinen bisherigen Wegen umkehren und Dich, Jesus, als meinen Erlöser und Herrn annehmen. In Deinem Wort steht, dass jeder, der Jesus mit seinem Mund als Herrn bekennt und im Herzen glaubt, dass Gott Ihn von den Toten auferweckt hat, errettet wird.

Ich glaube dies in meinem Herzen und ich bekenne jetzt Jesus als meinen Herrn. Ich glaube, dass Jesus der Weg, die Wahrheit und das Leben ist und dass niemand zum Vater kommt, als nur durch Ihn.

Ich danke Dir, Vater, dass ich nun die Vergebung meiner Sünden habe und aus dem Reich der Finsternis in das Reich des Sohnes Deiner Liebe versetzt bin. Jesus ist mein Herr, und ich bin nun eine neue Schöpfung geworden - das Alte ist vergangen und Neues ist geworden. Vater, ich bin jetzt Dein Kind und in Christus Jesus zu guten Werken geschaffen, die Du zuvor bereitet hast, damit ich in ihnen wandle.

Durch Deine Gnade bin ich nun errettet, weil ich an das Erlösungswerk Jesu glaube, und ich danke Dir, Vater, von ganzem Herzen dafür! Amen!“

Bezugsstellen:

Römer 10,13/ Johannes 14,6/ Johannes 1,12/ Römer 3,23/ Kolosser 1,13/ Epheser 2,10/ Römer 10,8-10/ 2. Korinther 5,17/ Römer 3,24

Anmerkung:

Wenn du dies in deinem Herzen wirklich glaubst und Jesus mit deinem Mund als Herrn bekannt hast, dann bist Du in die Familie Gottes hineingeboren worden. Beginne damit, jeden Tag in der Bibel zu lesen, um Christus besser kennenzulernen. Rede täglich im Gebet mit Ihm und schließe dich einer Gemeinde an, die nach der Bibel das volle Wort Gottes lehrt und danach lebt.

9

GEBET FÜR DIE VERLORENEN DER WELT

„Vater, Du willst, dass alle Menschen errettet werden und zur Erkenntnis der Wahrheit gelangen. Deshalb leiste ich für alle Verlorenen dieser Welt Fürbitte, indem ich für sie bete.

Ich bringe jede Person in diesem Gebiet, in dieser Nation, auf diesem Erdteil und auf der ganzen Erde, die Jesus noch nicht als ihren Herrn und Erlöser angenommen hat, vor Deinen Thron und rufe im Namen Jesu alle Verlorenen dieser Welt aus dem Reich der Finsternis in das Reich des Lichts.

In Jesu Namen binde ich jeden Geist der Verblendung, der diese Menschen belügt. Ich erlaube es dir, Satan, und deinen finsteren Mächten nicht, diese Menschen weiterhin gefangen zu halten, sondern ich löse sie von eurem Auftrag!

Ich bete, Vater, dass das Evangelium für diese Menschen nicht mehr länger verborgen bleibt, sondern dass sie den Lichtglanz des Evangeliums sehen mögen. Satan, der Gott dieser Welt, kann in Jesu Namen ihren Sinn nicht mehr verblenden. Vielmehr bitte ich Dich, Vater, dass der Heilige Geist Sein Werk tut und die unerretteten Menschen in ihren Herzen von Sünde überführt, so dass sie Deinen Namen anrufen.

Du bist der Herr der Ernte, Vater, und ich bitte Dich, dass Du mehr und mehr Arbeiter aussendest, die den Verlorenen die Gute Nachricht von der Auferstehung Jesu Christi verkünden. Ich danke Dir auch, dass diese Arbeiter mit Deiner Weisheit und Deinem Heiligen Geist ausgerüstet sein werden und dass ihnen diese Menschen nicht werden widerstehen können, sondern sich von der Wahrheit und der Kraft des Evangeliums überzeugen lassen.

Ich bete, dass das Evangelium auch in die entlegensten Teile der Erde kommt und dass überall Menschen zum Glauben an Jesus finden. All die Menschen, die noch nie etwas vom Evangelium gehört haben, sollen davon hören und sich bekehren. In Jesu Namen, Amen!“

Bezugsstellen:

1. Timotheus 2,4/ 2. Korinther 4,3-4/ Apostelgeschichte 6,10/ Römer 10,18/ Kolosser 1,13-14/ Johannes 16,8-9/ Matthäus 18,18/ Römer 10,13/ Römer 15,21

10

GEBET UM ERRETTUNG FÜR EINE BESTIMMTE PERSON

„Vater, ich bringe heute .... im Gebet vor Dich. Du willst nicht, dass .... verloren geht. Jesus ist gekommen, um zu suchen und zu erretten, was verloren war.

Satan, gemäß Matthäus 18,18 binde ich dich im Namen Jesus und löse .... von deinem Einfluss und deiner Herrschaft über ihn/sie! Ich lasse es nicht zu, dass du .... länger verblendet hältst und belügst! Ich rufe .... aus dem Reich der Finsternis in das Reich des Lichts!

Vater, ich bitte Dich, den Herrn der Ernte, ... geeignete, mit Deinem Heiligen Geist ausgerüstete Arbeiter zu senden, die .... Dein Evangelium so verkünden, dass .... zuhört, es versteht und annimmt.

Ich bete, dass .... vom Heiligen Geist von Sünde überführt wird und die Augen seines/ihres Herzens erleuchtet werden. Jesus, Du hast am Kreuz auch die Schuld von .... bezahlt und ihn/sie durch Dein Blut teuer erkauft. Lasse nicht nach, am Herzen von .... zu wirken und berühre ihn/sie mit Deiner Liebe und Deiner Kraft.

Ich halte nun an meinem Gebet fest, vertraue .... ganz Dir an und sehen ihn/sie im Glauben bereits als errettet. In Jesu Namen, Amen!“

Bezugsstellen:

1. Timotheus 2,4/ Kolosser 1,13/ 1. Korinther 6,20/ Lukas 19,10/ Johannes 16,8/ Matthäus 18,18/ Epheser 1,18

11

GEBET FÜR DIE ERFÜLLUNG MIT DEM HEILIGEN GEIST

„Vater, ich bin von Neuem geboren und somit Dein Kind. Ich habe mich bekehrt und Jesus als meinen Herrn und Erlöser angenommen. Du verheißt uns in Deinem Wort, dass wir mit dem Heiligen Geist erfüllt werden können und dass wir Kraft empfangen, wenn Er auf und in uns kommt.

Darum bitte ich Dich nun, Vater: Erfülle mich mit Deinem Heiligen Geist, damit ich Kraft empfange. So wie die ersten Jünger am Pfingstfest mit dem Heiligen Geist erfüllt wurden und anfingen, in neuen Sprachen zu reden, so möchte auch ich diese Gabe empfangen. Du versprichst uns in Deinem Wort, dass Du denen, die Dich bitten, den Heiligen Geist geben wirst.

Ich glaube, dass der Heilige Geist seit dem Pfingstfest auf die Erde ausgegossen ist und dass ich den Heiligen Geist jetzt empfange, weil ich Dich darum bitte.

Ich danke Dir, Vater, dass ich jetzt Kraft empfangen habe, um Dein Zeuge zu sein, und dass ich anfangen kann, in neuen Sprachen zu reden, wie der Geist mir auszusprechen gibt. Amen!“

Bezugsstellen:

Johannes 3,3-5/ Apostelgeschichte 2,4/ Matthäus 3,11/ Johannes 14,16-17/ Apostelgeschichte 1,8/ Apostelgeschichte 10,44-46

Anmerkung:

Du kannst dieses Gebet auch für andere sprechen, indem du ihnen die Hände auflegst und um die Erfüllung mit dem Heiligen Geist mit ihnen betest. Zeige ihnen am besten vorher alle Schriftstellen, die ich angeführt habe. Das Wort sagt, dass jeder, der bittet, empfängt, und deshalb kannst du oder die Person, für die du gebetet hast, jederzeit in anderen Sprachen sprechen. Aber du selbst musst anfangen zu sprechen und der Heilige Geist wird dich dabei inspirieren, denn Er ist dein Helfer, aber Er wird deinen Willen dabei nicht übergehen.

12

GEBET UM VERGEBUNG

(Nur für Gläubige)

„Vater, im Namen Jesu treffe ich heute von Neuem die Entscheidung, nicht nur mit meinen Geschwistern im Leib Christi, sondern auch mit meinen Freunden, Bekannten, Nachbarn und mit meiner Familie in Frieden zu leben und in Liebe zu wandeln.

Ich lege alle Bitterkeit, Wut, Zorn, Geschrei und Lästerung samt aller Bosheit ab. Ich gebe dem Teufel keinen Raum.

Ich bitte Dich jetzt um Vergebung für .... (nenne die betreffende Sünde), die ich in Gedanken, in Wort und/oder Tat begangen habe. Ich danke Dir, Vater, dass Du mir bereits am Kreuz auf Golgatha durch Jesu kostbares Blut vergeben hast. Dein Wort sagt, dass Du treu und gerecht bist, uns die Sünden vergibst und uns von aller Ungerechtigkeit reinigst, wenn wir die Sünden bekennen. Also nehme ich jetzt Deine Vergebung an und danke Dir von Herzen dafür. Ich danke Dir, dass ich durch Jesu Blut reingewaschen bin und jetzt wieder in Deinem Licht wandle.

Ich bitte Dich auch, denen zu vergeben, die mich verletzt oder mir Unrecht zugefügt haben. Dein Wort sagt, dass wir vergeben sollen, so wie uns vergeben wurde, und dass wir jedes Mal sofort vergeben sollen, auch wenn eine Person wiederholt mit derselben Sache gegen uns sündigt. Also vergebe ich jetzt und bitte Dich, auch der betreffenden Person zu vergeben.

Als Geliebte(r) Gottes ziehe ich jetzt herzliches Erbarmen, Güte, Demut, Milde und Geduld an.

Ich danke Dir, Vater, dass die Liebe, die Du durch die Neue Geburt in mein Herz ausgegossen hast, zu anderen Menschen hinfließt. Amen!"

Bezugsstellen:

Epheser 4,31/ Markus 11,25/ Hebräer 9,14/ 1. Johannes 1,9/ Kolosser 3,12-13/ Römer 5,8/ Epheser 4,32/ Römer 5,5/ Matthäus 18,21-35

13

GEBET UM ERNEUERUNG DER GEMEINSCHAFT MIT DEM VATER

„Vater, ich danke Dir, dass Du in Deinem Wort sagst, dass jeder, der zu Dir kommt, nicht hinausgestoßen wird. Wer Dich bittet, der empfängt; wer bei Dir anklopft, dem wird aufgetan, und wer Dich sucht, dem wirst Du antworten.

Ich trete nun von ganzem Herzen vor Dich und bitte Dich um Vergebung, wo ich Deinem Willen und der Stimme des Heiligen Geistes ungehorsam war und ich dadurch den Heiligen Geist betrübt habe. Vergib mir, Vater, wo ich die Gemeinschaft mit Dir, das Gebet und Dein Wort vernachlässigt habe und meine eigenen Wege gegangen bin.

Ich erwähle heute erneut und entscheide mich willentlich, mit Dir zu gehen, indem ich mich vom Heiligen Geist führen lasse. Ich danke Dir, dass Du mein Vater bist, zu dem ich mit Freimütigkeit kommen kann. Danke, dass meine Gemeinschaft mit Dir wiederhergestellt ist!

Ich erwähle, in dem zu bleiben, was ich gelernt habe und wovon ich im Herzen völlig überzeugt bin. Ich will nach Deinem Wort wandeln, das die Kraft hat, mich weise zu machen und mir volles Verständnis der Errettung durch den Glauben, der in Christus Jesus ist, zu geben.

Im Namen Jesus binde ich jetzt Satan und jeglichen Geist, der mich in meinem Leben hindern will, Deinen Willen zu tun.

Danke, Vater, dass ich allezeit Gemeinschaft mit Dir haben kann und dass mich nichts und niemand von Deiner Liebe trennen kann. Ich bin mit Heiligem Geist und Feuer getauft und will für Dich brennen und niemals meine erste Liebe zu Dir verlassen. Die unermessliche Freude der Errettung soll stets glühend in meinem Herzen bleiben!

Jesus sagte: ‚Meine Schafe hören meine Stimme, und ich kenne sie und sie folgen mir, und ich gebe ihnen ewiges Leben, und sie gehen in Ewigkeit nicht verloren, und niemand wird sie aus meiner Hand rauben.' Preis sei Dir! Amen!"

Bezugsstellen:

Johannes 6,37/ Epheser 6,18/ 2. Timotheus 3,14-15/ Römer 8,35.38-39/ Johannes 10,27-29/ Matthäus 7,7-8/ Josua 1,8/ Matthäus 18,18/ Matthäus 3,11/ Epheser 4,30/ Epheser 2,18/ Römer 8,15-16/ Offenbarung 2,4

14

GEBET FÜR EVANGELISATIONSEINSÄTZE

„Vater, ich danke Dir, dass Du mit und in mir bist, wo immer ich vom Heiligen Geist geführt und in Deinem Namen hingehe. Du sagst in Deinem Wort, dass ich in alle Welt gehen soll, um das Evangelium zu verkünden. Diesem Auftrag will ich folgen und deshalb bringe ich diesen Einsatz vor Dich.

Ich bete, dass Du durch Deinen Heiligen Geist und Deine Engel die von Dir vorhergesehenen Plätze vorbereitest und danke Dir, dass jeder Ort, auf den meine Fußsohlen treten, mir gehört. Ich nehme diese Orte im Namen Jesus geistlich und natürlich ein. Du sagst mir, dass ich gehen soll, und ich danke Dir, dass all die Menschen, denen ich dabei begegne, Deinem Heiligen Geist nicht standhalten können. Ich danke Dir, dass sie wie zu Zeiten der Apostelgeschichte der Weisheit und dem Geist, durch den ich rede, nicht widerstehen können!

Ich bete, dass die Menschen offene Herzen haben und dass Du, Herr, ihre geistlichen Augen und Ohren auftust, damit sie die Wahrheit sehen und verstehen. Ich bitte Dich, Herr, führe mich zu solchen Menschen, die nach dem Evangelium hungern und nach Dir suchen, denn sie sollen gesättigt werden und zu Dir finden.

Vater, dieser Einsatz soll Dir allein Ehre und Lob bringen. Ich bete deshalb auch, dass ich vom Heiligen Geist geführt und mit Deinem Auftrag im richtigen Zeitplan hinausgehe und dies alles in voller Glaubenszuversicht tue. Ich setze die Liebe in mir frei, die das Band der Vollkommenheit ist, auf dass die Welt erkennt, dass ich Dein Jünger bin.

Ich danke Dir auch, dass Du die Wortverkündigung gemäß Deiner Verheißung durch Zeichen und Wunder bestätigst. Ich strecke mich im Glauben nach den Geistesgaben aus und bin bereit, in ihnen zu wirken, so wie es uns der Heilige Geist zuteilt.

Vater, Du bist ein Gott des Friedens und der Ordnung und deshalb danke ich Dir, dass dieser ganze Einsatz ordentlich abläuft und dass ich in jeder Situation genau weiß, was zu tun ist.

Ich lasse mein Licht an jedem Ort leuchten und ich bitte Dich, dass Du mir besondere Freimütigkeit gibst, Dein Wort zu predigen, und dass Du Deine Hand zur Heilung ausstreckst, damit Zeichen und Wunder geschehen. Alle meine Worte sind klar, wahrhaftig und stimmen vollkommen mit Deinem Wort überein und rufen die Menschen zur Umkehr auf, doch sie sind zur gleichen Zeit auch von Sanftmut und Barmherzigkeit geprägt.

Danke, Herr, für die Frucht, die aus meinem Einsatz entsteht! Sie soll Dich verherrlichen! Amen!"

Bezugsstellen:

Josua 1,2-9/ Markus 4,12/ Philipper 2,2/ 1. Korinther 12,11/ Apostelgeschichte 4,29-30/ Markus 16,15-20/ Matthäus 5,6/ Kolosser 3,14/ 1. Korinther 14,33/ 1. Petrus 3,16/ Apostelgeschichte 6,10/ Jo hannes 6,35/ Johannes 13,35/ Philipper 2,15/ Matthäus 9,13

15

IN DEM BEWUSSTSEIN DER GEGENWART GOTTES LEBEN

„Halleluja! Ich bin ein Kind Gottes, geboren, erfüllt und geleitet durch den Geist Gottes! Ich höre auf die Stimme meines Herzens (Geistes) und gehorche den Anweisungen des Heiligen Geistes, der meinen Sinn erleuchtet!

In allen Lebensbereichen führt Er mich den Weg, den ich gehen soll. Er leitet mich durch ein inneres Zeugnis. Die Augen meines Herzens sind erleuchtet. In meinem Inneren ist Weisheit. Die Liebe Gottes ist in mein Herz ausgegossen. Ich bin mit dem Heiligen Geist gesalbt. Der Herr ist mein Hirte und ich gehöre zu Seiner Herde. Ich kenne die Stimme meines Herrn und Hirten, ich höre auf sie und folge ihr in allem.

Ich bin Geist, habe eine Seele und lebe in einem Körper. Mein Geist ist die Leuchte des Herrn. Gott, mein Vater, leitet mich durch den Heiligen Geist, der zu meinem Geist spricht, in alle Wahrheit.

Ich lasse meinen Geist herrschen und wandle nicht nach dem Fleisch (= nach meinen Sinnen), sondern nach dem Geist. Ich verlasse mich auch in schwierigen Umständen nicht auf meinen Verstand, sondern erkenne den Herrn auf allen meinen Wegen. Er ebnet meine Pfade und leitet mich durch das Wort Gottes.

Ich werde meinen menschlichen Geist durch das Wort Gottes trainieren und entwickeln. Das Wort wird nicht von meinem Munde weichen. Tag und Nacht sinne ich darüber nach. Deshalb werde ich auch auf meinen Wegen Gelingen haben und bei all meinem Tun erfolgreich sein.

Ich entscheide mich heute von Neuem, das Wort an die erste Stelle in meinem Leben zu setzen und ein Täter desselben zu sein.

Mein Leben soll Gott dem Herrn alle Ehre geben und ein Zeugnis für meine Umgebung sein! Amen!"

Bezugsstellen:

Johannes 3,6-7/ Römer 8,14-16/ Epheser 1,18/ Römer 5,5/ Johannes 10,16/ Sprüche 20,27/ Sprüche 3,5-6/ Jakobus 1,22/ Johannes 7,37/ Jesaja 48,17/ 1. Korinther 1,30/ 1. Johannes 2,20/ Johannes 10,27/ Johannes 16,13/ Psalm 119,105/ 2. Korinther 2,14/ Epheser 5,18/ Römer 9,1/ Hiob 38,36/ Psalm 23,1/ 1. Thessalonicher 5,23/ Römer 8,4/ Josua 1,8

16

GEBET FÜR DIE FREUDE IM HERRN

„Halleluja! Dies ist der Tag, den Du, Herr, gemacht hast! Ich bin fröhlich und erfreue mich in Dir. Und wiederum sage ich: Ich freue mich! Ich bin froh, weil mein Gott der Herr ist!

Vater, Du sagst, dass Du Dich mit hellem Jubel über mich freust. Auch ich kann mich freuen, denn ich bin losgekauft durch das Blut Jesu. Deshalb ist Freude auf meinem Haupt. Kummer und Seufzen entfliehen. Freude und ein fröhliches Herz gehören mit zu meinem Erbteil in Christus. Wo der Geist des Herrn ist, da ist Freude und Freiheit!

Mit meinem Mund preise ich Dich, Herr. Ich rede mit Psalmen und Lobliedern und singe und spiele Dir in meinem Herzen. Ein fröhliches Herz bringt gute Besserung und ein freundlicher Blick ist Erquickung für den Leib. Die Freude des Herrn lässt mein Angesicht strahlen. Ich will diese Freude nicht nur für mich behalten, sondern auch die Herzen anderer erfreuen. Ständig will ich die Frohe Botschaft, das Evangelium, verkünden, so dass auch andere das Heil erfahren.

Vater, ich danke Dir, dass ich viel Gebetsfrucht hervorbringe. Und ich bitte in Jesu Namen und glaube, dass ich empfangen habe, dass meine Freude wächst und vollkommen und überfließend wird. Diese Freude am Herrn ist meine Stärke und sie ist in meinem neugeschaffenen Geist. Ich säe jeden Tag die Frucht der Freude. Ich achte es auch für lauter Freude, wenn ich gerechtigkeitshalber in mancherlei Anfechtungen gerate, denn ich bin stark in Dir, Vater.

Ich habe Sieg im Namen Jesu. Satan ist unter meinen Füßen. Widrige Umstände bringen mich nicht ins Wanken. Ich bin zur Gerechtigkeit Gottes in Christus Jesus gemacht worden. Ich lebe im Reich Gottes und habe Frieden und Freude im Heiligen Geist! Preis sei dem Herrn! Amen!"

Bezugsstellen:

Psalm 118,24/ Psalm 144,15/ 2. Korinther 3,17/ Epheser 5,18-19/ Sprüche 15,13/ Nehemia 8,10/ 1. Johannes 5,4/ 2. Korinther 5,21/ Philipper 4,4/ Zephanja 3,17/ Jakobus 1,25/ Sprüche 17,22/ Johannes 15,7-8/ Jakobus 1,2/ Epheser 1,22/ Römer 14,17/ Philipper 3,1/ Jesaja 51,11/ Psalm 63,5/ Sprüche 15,30/ Johannes 16,23-24/ Galater 5,22/ Epheser 6,10/ 2. Korinther 5:7

17

GEBET FÜR DEN WANDEL IN GOTTES WORT UND EIN LEBEN IM GEBET

„Vater, Deine Augen sind auf die Gerechten gerichtet und Deine Ohren sind offen für meine Gebete. Ich entscheide mich von Neuem dazu, mir Zeit für Gebet und Fürbitte zu nehmen und auch für Gebetslasten offen zu sein. Ich werde nicht nachlassen, für Menschen und Dinge im Gebet einzustehen und mit Danksagung darüber zu wachen. Ich halte mir Dein Wort vor Augen und bete im Glauben, der durch die Liebe wirksam ist. Ich bin stark in Dir, Herr, und in der Macht Deiner Stärke. Mutig gehe ich gegen die Mächte der Finsternis vor und widerstehe ihnen. Wenn ich bete, so bete ich ernsthaft und von Herzen und bin davon überzeugt, dass meine Gebete viel bewirken.

In Jesu Namen verpflichte ich mich von Neuem vor Dir, Vater, nach Deinem Wort zu wandeln und zu handeln. Es soll stets lebendig in mir sein und Dein Leben hier auf dieser Erde hervorbringen. Ich bekenne, dass Dein Wort in sich selbst vollkommen und unerschütterlich ist - es besteht in Ewigkeit - und ich richte mein Leben danach aus.

Das Wort Christi wohnt reichlich in mir und ich gebe ihm mehr und mehr Raum in meinem Herzen. Ich sinne darüber nach und handle gemäß dem, was darin geschrieben steht. Der Same des Wortes wirkt mächtig in mir und bringt Dein Leben hervor. Das Wort ist mein Ratgeber, mein Schild, meine Festung und meine Waffe im Kampf gegen die Mächte der Finsternis. Es ist ein Licht für meinen Weg. Alle meine Schritte sind durch das Wort gefestigt.

Der Heilige Geist führt und leitet mich in die ganze Wahrheit. Er gibt mir Verständnis und geistliche Unterscheidungsfähigkeit, so dass ich vor den Fallstricken des Bösen geschützt bin.

Stets erhebe ich Dein Wort, achte es hoch und stelle es über alles. Meine Pläne schmiede ich gemäß Deinem Wort. Es ist die höchste Autorität - in allen Fragen, mit denen ich in meinem Leben konfrontiert werde. Amen!"

Bezugsstellen:

1. Petrus 3,12/ Galater 5,6/ Hebräer 4,12/ 1. Petrus 1,23/ Psalm 37,23/ Psalm 37,4-5/ Kolosser 4,2/ Epheser 6,10/ Kolosser 3,16/ Psalm 91,4/ Johannes 16,13/ 2. Korinther 10,3-5/ Lukas 18,1/ Jakobus 5,16/ Josua 1,8/ Psalm 119,105/ Kolosser 1,9

18

GEBET FÜR EINEN WANDEL IN GOTTES VOLLKOMMENEM WILLEN

„Vater, ich bete, dass ich in aller Weisheit und geistlichem Verständnis mit der Erkenntnis Deines Willens erfüllt werde, um zu Deinem Wohlgefallen Deiner würdig zu wandeln und damit ich in jedem guten Werk Frucht bringe und durch die Erkenntnis Gottes wachse. Ich bete, dass ich nach der Macht Deiner Herrlichkeit mit Geduld und Langmut gekräftigt werde und mit Freude, Dir Herr, danksage.

Der Heilige Geist, der in mir wohnt, wird mich alles lehren. Er führt mich in die ganze Wahrheit, denn Er redet nicht aus sich selbst, sondern was Er hört, redet Er und Er wird mir das Kommende verkünden. Ich höre Deine Stimme, Herr, die Stimme des guten Hirten, und ich werde der Stimme eines Fremden nicht folgen. Ich danke Dir auch, Herr, dass Du mich inmitten all der anderen Stimmen - derjenigen der Welt, meines Fleisches und Satans - lehrst, klar Deine Stimme zu erkennen. Du unterweist mich und zeigst mir den Weg, den ich gehen soll. Du hältst Deine Augen über mir offen. In allen Entscheidungen vertraue ich mich Deiner Führung und Deinem Wort an, denn Dein Wort, Herr, ist ewig und unerschütterlich. Amen!"

Bezugsstellen:

Kolosser 1,9-12/ Johannes 16,13/ 1. Korinther 3,16/ Johannes 10,5-27/ Johannes 14:26/ Psalm 32,8

19

GEBET FÜR EINEN WANDEL IN GOTTES WEISHEIT

„Jesus Christus ist mir zur Weisheit von Gott geworden. Ich wandle in dieser Weisheit und werde ungeachtet aller Umstände in jeder Situation wissen, was zu tun ist. Ich wälze meine Pläne auf Dich, Herr, und Du lässt meine Gedanken zustande kommen. Du lenkst meine Schritte und machst sie fest.

Ich habe den Sinn Christi, Seine Gedanken, Seine Gefühle und die Absichten Seines Herzens.

Ich setze mein Vertrauen auf Dich, Herr, und Du wirst meinen Sinn in Frieden bewahren, denn ich verlasse mich auf Dich, den Fels der Ewigkeiten. Amen!"

Bezugsstellen:

1. Korinther 1,30/ 1. Korinther 2,16/ Sprüche 16,3-9/ Jesaja 26,4/ Psalm 37,23

20

GEBET FÜR DEN WANDEL IN DER LIEBE GOTTES

„Vater, in Jesu Namen danke ich Dir, dass Deine Liebe durch Deine Natur, die mir bei der Wiedergeburt gegeben wurde, in mein Herz ausgegossen ist. Ich halte und schätze Dein Wort, denn dadurch ist die Liebe Gottes wahrhaftig in mir vollendet. In dieser Liebe ist keine Furcht, sondern die vollkommene Liebe Gottes (Agape) treibt die Angst aus.

Vater, ich bin Dein Kind, und ich entscheide mich in der göttlichen Liebe zu wandeln. Deshalb bin ich geduldig und freundlich. Ich bin nicht eifersüchtig, angeberisch oder hochmütig. Ich bin nicht grob oder unverschämt und handle nicht eigensüchtig. Ich bin nicht schnell verärgert oder nachtragend. Ich freue mich nicht über Ungerechtigkeit, sondern ich freue mich mit der Wahrheit. Ich bin in allen Umständen standhaft, voller Vertrauen, Hoffnung und Ausdauer. Ich liebe meinen Nächsten wie mich selbst. Diese Liebe, die gibt, ohne zurückzuerwarten, scheitert niemals.

Ich bete für diejenigen, die mich verfolgen und segne sie. Ich vergelte nicht Böses mit Bösem oder Schimpfwort mit Schimpfwort, sondern, im Gegenteil, segne ich, denn ich bin dazu berufen, den Segen zu erben.

Vater, in Jesu Namen verpflichte ich mich, wo immer ich bin, Samen der Liebe zu pflanzen. Ich danke Dir, dass Du die Herzen der Menschen vorbereitet hast, diese Liebe zu empfangen.

Danke, Herr, dass mich nichts von der Liebe Christi scheiden kann, weder Drangsal noch Angst, weder Verfolgung, Hunger, Blöße, noch Gefahr oder Schwert.

Denn ich bin überzeugt, das weder Tod noch Leben, weder Engel noch Gewalten, weder Gegenwärtiges noch Zukünftiges, noch Mächte, weder Höhe noch Tiefe, noch irgendein Mensch, mich von der Liebe Gottes, die in Christus Jesus, meinem Herrn, ist, trennen kann. Amen!"

Bezugsstellen:

Römer 5,5/ 1. Korinther 13,4-8/ 1. Petrus 3,9/ 1. Johannes 2,5/ Römer 12,14/ Römer 8,35,38,39/ 1. Johannes 4,18/ Matthäus 5,44

21

EIN GEBET GEGEN SORGENGEDANKEN

„Vater, ich danke Dir, dass Du mich aus der Macht der Finsternis errettet und in das Reich des Sohnes Deiner Liebe versetzt hast. Ich bin frei vom Gesetz der Sünde und des Todes und damit auch frei von Sorgengedanken.

Ich demütige mich unter Deine mächtige Hand, Herr, indem ich alle Sorgen auf dich werfe, denn Du sorgst für mich, weil Dir viel an mir liegt. Du erhöhst mich zur rechten Zeit. Dein Wort sagt, dass Du mich ermutigst, versorgst und beschützt, so dass ich niemals wanke. Deshalb vertraue ich Dir, Herr, alles an, worüber ich mich sorgen könnte und werfe jede Last auf Dich.

Herr, Dein Wort sagt: ‚Gesegnet ist der, der auf den Herrn vertraut und dessen Vertrauen der Herr ist. Er wird sein wie ein Baum, der am Wasser gepflanzt ist und am Bach seine Wurzeln ausstreckt und der sich nicht fürchtet, wenn die Hitze kommt. Sein Laub ist grün, im Jahr der Dürre ist er unbekümmert und er hört nicht auf, Frucht zu tragen.' Ich vertraue auf Dich, Jesus, und werde standhaft sein, wie dieser Baum am Wasser, ohne Angst vor Schwierigkeiten, denn Du, Herr, versorgst mich - und Dein Friede, der alles übersteigt, bewahrt jetzt mein Herz und meine Gedanken in Christus Jesus. Amen!“

Bezugsstellen:

Kolosser 1,13/ Psalm 55,23/ Römer 8,2b/ Jeremia 17,7-8/ 1. Petrus 5,7/ Philipper 4,6-7

22

GEBET FÜR EINE GEHEILIGTE REDEWEISE

„Vater, in Jesu Namen gehe ich Dir gegenüber heute eine Verpflichtung ein: Ich wende mich von leerem, albernem Geschwätz und unanständiger Rede ab, da dies für einen Jünger Jesu hinderlich ist.

Dein Wort sagt, dass die Zunge wie ein Feuer ist und Ungerechtigkeit verkünden kann. Die Zunge zeigt sich unter unseren Gliedern als diejenige, die den ganzen Leib beflecken, den Lauf des Daseins entzünden und von der Hölle selbst entzündet werden kann.

In Jesu Namen bin ich entschlossen, über meine Zunge zu herrschen. Ich bin entschlossen, es nicht zu gestatten, dass meine Zunge von der Hölle entzündet wird.

Ich widerrufe jedes Wort, das ich gegen Dich Herr und Dein Handeln gesprochen habe und kehre mich davon ab.

Ich bestimme meinen Mund dazu, das Gute und die Wahrheit zu reden. Alle Tage meines Lebens sollen die Worte meines Mundes Deine Gerechtigkeit und Dein Heil bekennen.

Ich hüte meinen Mund und mein Herz mit aller Sorgfalt, denn aus der Fülle des Herzens redet der Mund. Ich lasse das Wort Gottes reichlich in mir wohnen, damit ich die Worte Gottes spreche, die schöpferische Kraft haben.

In Jesu Namen bete und bekenne ich dies. Amen!“

Bezugsstellen:

Epheser 5,4/ Lukas 6,45b/ 2. Timotheus 2,16/ Kolosser 3,16/ Jakobus 3,6

23

GEBET FÜR DAS LAND UND DIE REGIERUNG

„Vater, in Jesu Namen danke ich Dir für unser Land und seine Regierung! Im Gebet bringe ich die Männer und Frauen vor Dich, die in Autoritätspositionen sind: Den Bundeskanzler und den Bundespräsidenten, die Minister und Ministerpräsidenten, die Abgeordneten, die Richter und die Polizisten unseres Landes, die Bürgermeister und all jene, die leitende Positionen innehaben. Ich bete, dass der Geist des Herrn mit ihnen sei.

Vater, in Jesu Namen bringe ich die Nation .... und ihre Regierung vor Dich. Vater, Du sagst in Deinem Wort, dass Du Führungskräfte zu unserem Vorteil zurechtweist, damit wir in aller Gerechtigkeit und Rechtschaffenheit ein ruhiges und friedliches Leben führen können.

Ich bitte, dass in die Herzen der Leitung dieses Landes göttliche Weisheit einziehen möge und sie von dieser geleitet werden. Ich bete, dass Besonnenheit über ihnen wacht und Verständnis sie vom Weg des Bösen und von schlechten Menschen fernhält.

Vater, ich bitte Dich, dass Du den Bundeskanzler mit Männern und Frauen umgibst, deren Herzen und Ohren für Deinen göttlichen Rat aufnahmebereit sind und die das tun, was in Deinen Augen richtig ist.

Ich glaube, dass Du diese Menschen veranlasst, rechtschaffene Männer und Frauen zu sein, die gehorsam sind, damit wir ein ruhiges und friedliches Leben in aller Frömmigkeit und Rechtschaffenheit führen können. Ich danke Dir, dass in unserer Regierung nur aufrichtige

Menschen sind; dass Männer und Frauen, die in Deinen Augen tadellos und vollkommen sind, in diesen Autoritätspositionen bleiben, die Bösen aber entfernt und die Treulosen und Korrupten ihres Amtes enthoben werden.

Dein Wort sagt: ‚Gesegnet ist die Nation, deren Gott der Herr ist.' Ich empfange Deine Segnungen, Vater. Du bist meine Zuflucht und meine Festung in Zeiten der Not, bei hohen Lebenshaltungskosten, bei Verfolgung oder großer Verzweiflung. Ich bekenne mit meinem Munde, dass Dein Volk in diesem Land sicher wohnt und es mir wohl ergeht. Ich bin mehr als ein Überwinder durch Jesus Christus!

Es steht in Deinem Wort geschrieben, dass das Herz des Königs in deiner Hand ist und Du es wie eine Meereswoge bewegen kannst.

Ich glaube, dass das Herz unserer Obrigkeiten in Deiner Hand ist und ihre Entscheidungen göttlich geleitet werden.

Ich danke Dir, dass in unserem Land dem Evangelium alle nur möglichen Türen geöffnet werden, die Du aufmachst und die kein Mensch schließen kann. Das Wort des Herrn wächst und mehrt sich gewaltig in den Herzen und im Leben der Menschen. Ich danke Dir in Jesu Namen für dieses Land und die Führungskräfte, die Du uns gegeben hast!

Jesus ist Herr über mein Land ....! Amen!"

Bezugsstellen:

1. Timotheus 2,1-3/ Sprüche 2,21-22/ 5. Mose 28,10-11/ Apostelgeschichte 12,24/ Psalm 105,14/ Psalm 33,12/ Römer 8,37/ Sprüche 2,10-12/ Psalm 9,10/ Sprüche 21,1

24

GEBET FÜR SCHULEN UND DIE LEHRER

„Vater, ich danke Dir, dass Dein Wort Erleuchtung bringt und Du über Deinem Wort wachst, es auszuführen. Vater, ich bringe unsere Schulen vor Dich, sowie alle Minister, Direktoren, Lehrer und sonstigen Personen, die Autoritätspositionen an den Schulen unseres Landes innehaben.

Ich bete, dass göttliche Weisheit in ihre Herzen einzieht und dass sie zur Erkenntnis Deines Willens gelangen mögen. Besonnenheit soll über ihnen wachen und Verständnis sie von bösen Wegen und von schlechten Menschen fernhalten. Ich bete in Jesu Namen, dass Männer und Frauen mit einem von Dir geprägten Charakter in diesen Positionen bleiben und treulose Menschen mit böser Absicht entfernt werden. Vater, ich danke Dir für wiedergeborene und geisterfüllte Schulleiter, Lehrer und sonstige Personen in den staatlichen und privaten Schulen, die für Deinen Namen aufstehen. Ich bete, dass ihre Zahl Tag für Tag zunimmt und ich sage Dir Dank dafür. Es ist auch mein Gebet, Vater, dass Du solche Menschen rufst, die die Gefahren des Okkultismus und anderer antichristlicher Lehren, die an unseren Schulen gefördert werden, erkennen und danach eifern, diese aufzudecken und das Licht des Evangeliums hineinzubringen.

Danke Vater, dass Du der erlösende Gott bist. Danke, dass die frohe Botschaft des Evangeliums in allen Schulen im Land verbreitet wird. Danke für Fürbitter, die auf Deinem Wort stehen und für Erntearbeiter, die Dein Wort im Namen Jesu predigen!

Preis sei Dir allein, Herr! Amen!“

Bezugsstellen:

Psalm 119,130/ Sprüche 2,21-22/ Sprüche 2,10-12/ Jeremia 1,12

25

GEBET FÜR DEN LEIB CHRISTI

„Vater, ich bete und bekenne Dein Wort über den Leib Christi. Ich bete, dass die Gläubigen mit tiefer und klarer Erkenntnis Deines Willens und mit aller geistlichen Weisheit erfüllt werden. Ich bete, dass sie Einsicht in die Wege und Ziele Gottes haben und geistliche Dinge erkennen und verstehen; dass sie stets so leben und sich so benehmen, wie es in Deinen Augen richtig ist. Herr, sie sollen Dir wohlgefallen und den Wunsch haben, Dir in allem zu gefallen, damit sie in jedem guten Werk Frucht bringen. Mögen sie stets wachsen und zunehmen in der Erkenntnis Deines Wesens und Deiner Liebe.

Ich bete, dass alle Glieder des Leibes belebt und gemäß der Macht Deiner Herrlichkeit mit aller Kraft gestärkt werden, damit sie jede Art von Ausdauer und Geduld (Beharrlichkeit und Nachsicht) mit Freude ausüben und Dir, Vater, ständig danksagen. Deine Ausrüstung und Befähigung gab ihnen Anteil am Erbe der Heiligen. Hilf ihnen, das klar zu erkennen. Du, Vater, hast sie von der Kontrolle und der Herrschaft der Finsternis befreit und sie in das Reich des Sohnes Deiner Liebe versetzt. In Ihm haben sie durch Sein vergossenes Blut die Erlösung und die Vergebung ihrer Sünden.

Vater, ich bitte, dass der Leib Christi fest stehen und Seite an Seite, Hand in Hand, einig über Dein Wort, mit einer Gesinnung für die Förderung des Evangeliums, kämpfen möge.

Ich bete, dass alle Gläubigen sich stets auf Christus verlassen und ganz und gar auf Seine Macht, Weisheit und Güte vertrauen. Allezeit sollen sie ihr Leben in Übereinstimmung mit Seinem Wort führen und die

Wurzeln ihres Seins fest und tief in Ihm eingepflanzt haben. Sie mögen stets in Christus auferbaut und dadurch mehr und mehr im Glauben gefestigt sein.

Dein Volk, Vater, ist in Deinen Augen rein und heilig und wird von Dir geliebt. Deine Güte, Barmherzigkeit und Freundlichkeit, Dein Mitgefühl und Deine sanfte Art und Geduld mögen sich, da sie Deine Vertreter hier auf Erden sind, in ihrem Verhalten stets widerspiegeln. Du hast Dein Volk dazu fähig gemacht, unermüdlich und langmütig zu sein. Gib Deinem Leib stets die Kraft, durchzuhalten, egal, was auch kommen mag. Wir beten, dass alle Gläubigen nachsichtig miteinander umgehen und, so wie Du ihnen vergeben hast, auch von Herzen vergeben, wenn sie Klagen gegeneinander haben.

Es ist auch mein Gebet, Vater, dass der ganze Leib der Gläubigen hier in .... sowie in der ganzen Welt durch das vollkommene Band der Liebe und durch die Einheit des Glaubens durch Dein Wort verbunden ist. Der Friede Christi möge stets in ihren Herzen wohnen und sie leiten. Für all das, was Du bist und tust, sei Dankbarkeit in ihren Herzen.

Ich bete, dass das Offenbarungswort Christi immer reichlicher in ihren Herzen zunehme, so dass sie fähig sind, einander zu lieben, zu lehren, zu ermutigen und zu ermahnen. Alles, was sie tun, im Wort oder in der Tat, geschehe im Namen des Herrn Jesus. Amen!“

Bezugsstellen:

Kolosser 1,9-14/ Kolosser 2,5-7/ Kolosser 3,12-17

26

GEBET FÜR ISRAEL

„Vater, in Jesu Namen komme ich im Gebet und im Glauben sowie in der Gewissheit, dass Du über Deinem Wort wachst, um es auszuführen. Keines Deiner Worte kehrt leer zu Dir zurück, sondern führt erfolgreich aus, wozu Du es gesandt hast.

Vater, in Jesus hast Du uns - Christen und Juden - eins gemacht und mit Dir versöhnt. Ich preise Dich und danke Dir, dass die Kinder Israel umkehren und Deinen Sohn Jesus als ihren Messias anerkennen. Du wirst einen neuen, ewigen Bund mit Israel schließen und Du legst Dein Wort in ihr Inneres und schreibst es in ihre Herzen.

Ich danke Dir, Vater, dass das jüdische Volk nicht in Unglauben und Ungehorsam verharrt, sondern dass es wieder eingepfropft wird, so wie es Dein Wort sagt.

Ich erhebe mich nicht über die Juden, sondern erkenne in der Verblendung Israels unser Heil. Ich danke Dir, dass ganz Israel errettet werden wird, wenn die volle Zahl aus den Nationen eingegangen ist. Ich rufe zum Herzen Jerusalems, dass ihre Mühsal zu Ende und ihre Schuld gesühnt ist.

Vater, Du sagst in Deinem Wort, wer Israel antastet, tastet Deinen Augapfel an. So verblende ich mich nicht selbst, sondern bekenne mich öffentlich zu Deinem Volk Israel, das Du nicht verstoßen hast.

Du, Herr, wirst gemäß Deinem Wort Israel sammeln und es hüten wie ein Hirte seine Herde. Du brachtest sie in ihr Land zurück, das Du ihren Vätern gegeben hast, und Du wirst auf sie Acht haben. Du wirst über sie wachen, um zu bauen und zu pflanzen. Und keiner Waffe, die gegen Israel geschmiedet ist, wird es gelingen, und jede Zunge, die wider sie vor Gericht aufsteht, wirst Du schuldig sprechen.

Vater, ich danke Dir für die messianischen Gemeinden in Israel. Wir bekennen, dass sie ein Herz und eine Seele über Dein Wort sind und mit großer Kraft das Zeugnis von der Auferstehung des Herrn ablegen und dass Deine Gnade auf ihnen allen sei. Herr, verleihe Deinen Dienern mit aller Freimütigkeit Dein Wort zu verkünden, indem Du Deine Hand ausstreckst zur Heilung und dass Zeichen und Wunder geschehen durch den Namen Deines heiligen Sohnes Jesus. Ich danke Dir, Vater, dass Du all ihren Nöten begegnest nach Deinem Reichtum in Herrlichkeit in Christus Jesus!

In Übereinstimmung mit Deinem Wort proklamiere ich, dass Israel eine gesegnete Nation ist und dass Du ihr Gott bist!

Wie die Berge um Jerusalem, so ist der Herr rings um Sein Volk in alle Ewigkeit! Oh Israel, harre auf den Herrn! Erlösung ist bei Ihm! Halleluja! Amen!“

Bezugsstellen:

Jeremia 1,12/ Hosea 3,5/ Römer 11,11/ Jesaja 40,2/ Jeremia 30,3/ Apostelgeschichte 4,23-32/ Psalm 33,12/ Jesaja 55,11/ Jeremia 32,40/ Römer 11,23/ Sacharja 2,12/ Jeremia 31,28/ Apostelgeschichte 4,29-30/ Psalm 125,2/ Epheser 2,14-16/ Jeremia 31,33/ Römer 11,25/ Jeremia 31,10/ Jesaja 54,17/ Philipper 4,19/ Psalm 130,7

27

GEBET FÜR MISSIONARE

„Vater, ich bringe diejenigen im Leib Christi vor Dich, die auf dem Missionsfeld die gute Nachricht des Evangeliums verkündigen. Du wachst über Deinem Wort, um es auszuführen. Deshalb spreche ich Deine Worte und bete hier, wo ich bin, damit Geschwister an anderen Orten der Welt durch den Heiligen Geist die Antworten empfangen.

Danke, Vater, dass Du Deinen Dienern die Kraft Deines Wortes offenbarst und ihnen zeigst, wie notwendig es ist, den Angriffen des Teufels im Glauben zu widerstehen. Du, Herr, bist allezeit ihr Licht, ihre Rettung, ihre Zuflucht und ihre Festung. Du birgst sie in Deiner starken Hand. Es ist Dein Wille, dass jeder von ihnen erfolgreich ist, sich in guter gesundheitlicher Verfassung befindet und im Sieg lebt. Du verleihst ihnen die Macht, Gefangene freizusetzen, die physisch und geistlich Hungrigen zu speisen und Deine Gerechtigkeit und Dein Heil an den Plätzen der Erde, an die Du sie sendest, zu verkünden.

In Jesu Namen binde ich Dich, Satan und jeden Geist, der sich gegen Gottes Volk erhebt!

Keiner Waffe, die wider Gottes Dienstgaben geschmiedet ist, wird es gelingen, und jede Zunge, die sich vor Gericht gegen sie erhebt, werden sie Lügen strafen. Als Deine Kinder haben sie Frieden, Sicherheit und Triumph über die Widersacher. Wenn sich auch bedrohliche Umstände gegen sie erheben, so werden sie sich doch nicht fürchten und kein Unheil wird ihnen begegnen.

In Jesu Namen sind sie stark im Herrn und in der Kraft Seiner Stärke und löschen alle feurigen Pfeile des Bösen aus.

Vater, Du sagst, dass Du sie stets bewahren wirst - erhalte sie allezeit standhaft und verleihe ihnen die Kraft, die sie brauchen. Rechtfertige sie, wo immer sie angeklagt oder beschimpft werden und gib ihnen, gemäß Deiner Verheißung durch den Heiligen Geist alles ein, was sie sagen sollen, wenn sie sich auf irgendeine Weise verantworten müssen. Ihre Rede sei allezeit mit Salz gewürzt und in Gnade. Verschaffe ihnen Gunst in den Augen der Menschen, mit denen sie zu tun haben und öffne ihnen Türen zur Verkündigung des Evangeliums. Stelle ihnen Männer und Frauen zur Seite, die sie praktisch und geistlich unterstützen.

Ich befehle Dir alle unsere Brüder und Schwestern an, Vater, und übergebe sie Deinem Schutz und Deiner Fürsorge, denn Du bist treu. Du stärkst sie und stellst sie auf festen Grund. Du bewahrst sie vor dem Bösen.

Ich preise Dich, Vater, denn Du bringst den Feind und die Widersacher zum Schweigen. Alle Ehre gebührt Dir allein!

Ich weiß, dass Deine Engel, die dienstbaren Geister, Dein Wort ausführen und ständig darauf bedacht sind, für die nötige Hilfe und Unterstützung dieser Missionare zu sorgen. Amen!“

Bezugsstellen:

Jeremia 1,12/ 2. Johannes 2/ Matthäus 18,18/ Jesaja 54,17/ Lukas 12,1.11-12/ Psalm 8,3/ Jakobus 4,7/ 1. Johannes 5,4-5/ Hebräer 1,14/ Jesaja 54,14/ Kolosser 4,6/ Psalm 27,1-5/ Psalm 146,7/ Epheser 6,10,16/ 1. Korinther 1,8/ 2. Thessalonicher 3,3

28

GEBET FÜR GOTTES DIENSTGABEN

„Vater, in Jesu Namen bete und bekenne ich, dass der Geist des Herrn auf .... ruht, der Geist der Weisheit und des Unterscheidungsvermögens, der Geist des Rates und der Kraft, der Geist der Erkenntnis und der Furcht des Herrn. Führe Du .... zu schnellem Verständnis, Herr. Du hast ihn/sie gesalbt und fähig gemacht, das Evangelium den Sanftmütigen, den Armen, den Reichen und den Betrübten zu verkündigen.

Du hast .... gesandt, die zu verbinden und zu heilen, die gebrochenen Herzens sind, Freilassung auszurufen den körperlich und geistig Gefangenen und die Kerker und die Augen der Blinden zu öffnen.

.... wird ein treuer Priester des Herrn genannt. Die Menschen heißen .... einen Diener Gottes. Er/sie wird vom Reichtum der Nationen essen.

Ich bete und glaube, dass keine Waffe, die gegen .... geschmiedet ist, Gelingen haben wird, und dass er/sie jede Zunge, die sich vor Gericht wider ihn/sie erhebt, Lügen straft. Ich bete, dass Du, Herr, ... im Überfluss segnest - geistig, seelisch, körperlich und finanziell.

Ich bekenne, dass .... im Glauben und in Liebe wandelt und am Vorbild der gesunden Lehre festhält. .... bewahrt stets die kostbare Wahrheit, die ihm/ihr durch den Heiligen Geist, der in ihm/ihr wohnt, anvertraut wurde. Herr, ich bete und glaube, dass .... sich jederzeit freimütig äußern kann;

dass er/sie seinen/ihren Mund kühn und mutig auftut, um den Menschen das Evangelium zu verkünden, wozu er/sie gesandt ist. Danke, Herr, für die zusätzliche Kraft, die Du .... auf übernatürliche Weise gegeben hast.

Ich bekenne hiermit, dass ich hinter .... stehe und ihn/sie im Gebet unterstütze. Ich werde nur gute Dinge sagen, die ihn/sie erbauen. Ich werde es mir selbst nicht gestatten, ... zu richten, sondern ich werde weiterhin für ihn/sie Fürbitte tun und im Namen Jesu Segnungen über ihn/sie sprechen und beten. Danke, Herr Jesus, für die Antworten. Amen!“

Bezugsstellen:

Jesaja 11,2/ 2. Timotheus 1,13-14/ Jesaja 61,1-6/ Epheser 6,19-20/ Jesaja 54,17

29

GEBET UM WOHLSTAND FÜR DIE DIENER AM WORT

„Vater, ich preise Dich und danke Dir von ganzem Herzen für Dein Wort, über dem Du wachst, um es auszuführen. Danke, dass keines Deiner Worte leer zu Dir zurückkehrt, sondern dass es bewirkt, wozu Du es gesandt hast!

Vater, in Jesu Namen bete ich, bekenne und glaube ich gemäß Deinem Wort, dass diejenigen im Leib Christi, die den guten Samen des Wortes unter die Menschen säen, auch materielle Güter ernten werden. Denn Dein Wort, Herr, sagt ja, dass jene, die die gute Nachricht des Evangeliums verkündigen, auch davon leben und ihren Unterhalt bekommen sollen. Ich proklamiere, dass Deine Diener das Evangelium in Lauterkeit und Unanstößigkeit verkünden und so die gute Frucht ernten, die ihnen nach Deinem Wort zusteht. Die Gaben der Menschen mögen ein duftender Wohlgeruch in Deinen Augen sein - ein Opfer, an dem Du Dich erfreust, weil es von Herzen gegeben wird. Ich vertraue, dass Du stets jeder Not Deines Volkes, nach Deinem Reichtum in Herrlichkeit in Christus Jesus, begegnen wirst.

Ich bete, dass diejenigen, die Unterweisung aus dem Wort Gottes erhalten, ihren Lehrern von allen Gütern Anteil geben und so zu ihrer Versorgung beitragen.

Ich bete, dass Dein Volk nicht den Mut verliert, nicht ermüdet oder ermattet, sondern stets danach strebt, Gutes zu tun; denn so wird es zur rechten Zeit ernten.

Es ist auch mein Gebet, Vater, dass es jede Gelegenheit ergreift, um das Gute zu wirken und darin nicht nachlässt.

Ich bete, dass Dein Volk ein Segen ist, besonders den

Hausgenossen des Glaubens gegenüber - denen, die zu Gottes Familie gehören, den Gläubigen. So glaube und bekenne ich, dass Dein Volk großzügig gibt, so dass Menschen gesegnet werden und es wiederum Segen empfängt.

Ich bete, Vater, dass Deine Diener (Apostel, Propheten, Evangelisten, Pastoren, Lehrer) deshalb stets genügend für sich selbst haben und über dies hinaus genug, um anderen ein Segen zu sein. Ich vertraue auch darauf, Herr, dass sie von Dir geleitet werden und alle Gaben und Mittel weise einsetzen.

Du, Herr, gibst Samen dem Sämann und Brot zur Speise und Du wirst auch die Vorräte Deines Volkes vermehren und die Früchte ihrer Gerechtigkeit wachsen lassen.

Wie in Lukas 6,38 geschrieben steht: ‚Gebt, und es wird euch gegeben werden. Ein gutes, gedrücktes und gerütteltes und überlaufendes Maß wird man in euren Schoß geben; denn mit demselben Maß, mit dem ihr messt, wird euch wieder gemessen werden.' Alle Ehre sei dem Herrn! Amen!"

Bezugsstellen:

Jeremia 1,12/ Galater 6,6-10/ Jesaja 55,11/ 2. Korinther 9,6-11/ 1. Korinther 9,11.14/ Lukas 6,38

30

EIN GEBET AUS DEN BRIEFEN DES APOSTELS PAULUS

„Vater, ich trete in Jesu Namen vor Dich. Gib mir nach dem Reichtum Deiner Herrlichkeit, durch Deinen Geist am inneren Menschen mit Kraft gestärkt zu werden, damit Christus durch den Glauben in meinem Herzen wohne und ich tief in Liebe verwurzelt und gegründet mit allen Heiligen völlig zu fassen vermögen, was die Breite und Länge und Höhe und Tiefe ist, und die Liebe Christi erkenne, die alle Erkenntnis übertrifft, damit ich hinwachse zur ganzen Fülle Gottes.

Ich bitte Dich auch, Vater, dass meine Liebe mehr und mehr überströme in Erkenntnis und aller Einsicht, damit ich zu prüfen vermöge, was das Beste ist, damit ich lauter und unanstößig bin bis auf den Tag Christi, erfüllt mit der Frucht der Gerechtigkeit, die durch Jesus Christus zur Herrlichkeit und zum Lobpreis Gottes gewirkt wird.

Lieber Vater, ich bitte Dich, dass ich erfüllt werde mit der Erkenntnis Deines Willens in aller geistlichen Weisheit und Einsicht, damit ich Deiner würdig wandle, Dir gefalle und Frucht bringe zu jedem guten Werk und in der Erkenntnis Gottes wachse, damit ich nach der Macht Deiner Herrlichkeit mit aller Kraft gestärkt werde zu allem Ausharren und Langmut. Ich danke Dir mit Freuden, dass Du mich tüchtig gemacht hast zum Erbteil der Heiligen im Licht. Du hast mich aus der Macht der Finsternis errettet und uns in das Reich des Sohnes Deiner Liebe versetzt. In Ihm habe ich die Erlösung, die Vergebung der Sünden.

Ich bitte Dich auch, Vater, dass mein Herz getröstet und in Liebe vereinigt werde zu allem Reichtum des vollen

Verständnisses, um das Geheimnis Gottes, das in Christus ist, zu erkennen. In Ihm sind alle Schätze der Weisheit und Erkenntnis verborgen.

Erforsche mich, Herr, und erkenne mein Herz. Prüfe und erkenne, wie meine Gesinnung ist! Und sieh, ob ich auf bösem Wege bin, und leite mich auf ewigem Wege! Dies bete und bitte ich in Jesu Namen. Amen!“

Bezugsstellen:

Epheser 3,16-19/ Kolosser 2,2-3/ Philipper 1,9-11/ Psalm 139,23-24/ Kolosser 1,9-14

31

GEBET FÜR VERSAMMLUNGEN (GOTTESDIENSTE, SEMINARE, BIBELKREISE ...)

„Vater, in Jesu Namen bete ich, dass das Wort Gottes während der .... Versammlung freimütig und korrekt verkündigt wird. Ich bete, dass die Menschen, die Dein Wort hören, der Weisheit, der Kraft und der Eingebung des Heiligen Geistes, mit der Deine Diener das Wort sprechen, nicht widerstehen können. Ich bekenne, dass bei der Verkündigung Deines Wortes die Salbung des Heiligen Geistes die Menschen dazu bringen wird, ihre geistigen Augen und Ohren zu öffnen, um von der Finsternis zum Licht umzukehren - von der Macht Satans zu Dir, Herr. Ich bete auch, dass sie Jesus als ihren Herrn und Erlöser annehmen. Vater, ich übergebe dieses Treffen Dir. Ich lege es in Deine Hände und vertraue diese Versammlung - die Menschen, die zuhören werden und die Menschen, die sprechen - Deinem Schutz und Deiner Fürsorge an. Ich unterstelle dieses Treffen dem Wort - den Anweisungen, Ratschlägen und Verheißungen Deiner Gnade. Vater, ich weiß, dass Dein Wort die Menschen auferbauen und zu der Erkenntnis führen wird, dass sie gemeinsam Miterben mit Jesus sind.

Ich glaube, Vater, dass auf dem Sprecher eine Salbung liegen wird, sobald er Dein Wort spricht und dass .... vollkommen vom Heiligen Geist geleitet wird. Das gesprochene Wort Gottes ist lebendig und voller Kraft; es aktiviert, greift ein, es stärkt und ist wirksam - schärfer als jedes zweischneidige Schwert. Ich glaube, dass der Not einer jeglichen Person begegnet wird - geistlich, seelisch, körperlich und finanziell.

Weil ich in Übereinstimmung gebetet habe, werden diese Dinge geschehen, und dafür danke ich Dir und preise Dich, Herr!

Mögen diese Worte, mit denen ich mein Anliegen demütig vor Dich gebracht habe, dir Tag und Nacht nahe sein, damit Du das Recht Deines Volkes in der Versammlung ausführst und Deinen Willen offenbarst. Ich glaube, dass alle Völker der Erde erkennen werden, dass der Herr Gott ist und sonst keiner! Amen!"

Bezugsstellen:

Epheser 6,19/ Apostelgeschichte 26,18/ Philipper 4,19/ Apostelgeschichte 6,10/ Apostelgeschichte 20,32/ Matthäus 18,18/ Epheser 1,18/ Hebräer 4,12/ 1. Könige 8,59-60

32

GEBET FÜR LOSLÖSUNG VON SCHLECHTEM UMGANG

„Satan, in Jesu Namen gebiete ich dir, von .... abzulassen. Ich binde dich im Leben von .... gemäß Matthäus 18,18, wo es heißt: ‚Wenn ihr etwas auf Erden binden werdet, wird es im Himmel gebunden sein.' Und ich löse .... von jeglicher Macht der Finsternis, wie geschrieben steht: ‚Wenn ihr etwas auf Erden lösen werdet, wird es im Himmel gelöst sein.'

Vater, ich danke Dir, dass Du .... von verdorbenen und schlechten Menschen befreist. Ich bitte, dass er/sie zur Besinnung kommt und wieder nüchtern und besonnen wird. Ich bekenne, dass .... von negativen Einflüssen Abstand nimmt und sich von allem reinigt, was seinen/ihren Geist und seinen/ihren Körper beflecken würde. .... lebt und benimmt sich anständig. Er/sie verweilt nicht in Schwelgereien oder Trinkgelagen, weder in Unzucht oder Ausschweifungen noch in Streit oder in Eifersucht. .... hält sich fern von schlechten Wegen (von Verdorbenheit und Boshaftigkeit) und legt Betrug und Heuchelei (Ausreden, Unaufrichtigkeit), sowie Groll, üble Nachrede und böse Worte ab. .... ist der Obrigkeit gegenüber gehorsam, ohne sich ihr zu widersetzen oder sich aufzuspielen.

.... ist gehorsam, bereit und willig, jede ehrliche und anständige Arbeit zu verrichten. .... sucht seinen/ihren Umgang bei weisen Menschen und wird dadurch weise werden. Er/sie hat die Erlösung durch das Blut Jesu, die Vergebung all seiner/ihrer Vergehungen, nach dem Reichtum der Gnade Gottes.

.... ist siegreich über den Bösen, denn er/sie hat den Vater erkannt und Ihn erlebt. Das Wort wohnt reichlich in .... und er/sie bleibt allezeit in dem Sohn und dem Vater. Gottes Natur, Sein Leben und der gute Same des Wortes bleiben beständig in .... und er/sie wird nicht damit fortfahren, zu sündigen, denn er/sie ist aus Gott geboren. Das Gesetz des Geistes des Lebens in Christus Jesus hat .... freigemacht von dem Gesetz der Sünde und des Todes.

Danke, Vater, dass Du über Deinem Wort wachst, um es auszuführen. Amen!“

Bezugsstellen:

1. Korinther 15,33.34a/ Römer 13,13/ Titus 3,1/ 1. Thessalonicher 5,22/ Epheser 1,7/ Jeremia 1,12/ 2. Timotheus 2,21/ 1. Petrus 2,1/ Sprüche 13,20/ 1. Johannes 2,12-16/ 1. Johannes 3,9/ 2. Korinther 7,1/ Römer 13,1-2/ Sprüche 28,7/ 1. Johannes 2,21.24/ Römer 8,2

33

GEBET FÜR UNGLÄUBIGE, DIE UNTER DEM EINFLUSS DÄMONISCHER MÄCHTE STEHEN

Ein kurzes Wort zu diesem Gebet:

Satan ist der Herr dieser Welt, der den Sinn der Menschen verblendet, damit sie das Licht des herrlichen Evangeliums nicht sehen können. Doch Jesus hat uns, Seinem Leib, Autorität gegeben, diese Macht Satans im Gebet zu brechen und ihm zu widerstehen. Durch Jesus haben wir Vollmacht über die ganze Kraft des Feindes. Wenn wir etwas auf Erden binden, so wird es im Himmel gebunden sein, und wenn wir auf Erden etwas lösen, so wird es im Himmel gelöst sein. Deshalb können wir mit Freimütigkeit gegen die Mächte der Finsternis vorgehen, ihnen gebieten, sie binden und die betreffenden Personen freisetzen, damit der Heilige Geist Raum hat, an ihnen zu wirken.

(Siehe hierzu auch: Lukas 10,19/ Jakobus 4,7b/ Matthäus 18,18/ Kolosser 2,15/ Epheser 2,2/ 2. Korinther 4,4)

„Vater, ich komme mit Freimütigkeit zum Thron der Gnade und bringe .... vor Dich. Ich trete für ihn/sie in den Riss, damit ungerechte Fesseln, die Fesseln der Gottlosigkeit, gelöst werden und die Knoten des Jochs geöffnet werden.

Ich halte meinen Schild des Glaubens hoch, damit jeder feurige Pfeil des Bösen, der gegen .... gerichtet ist, ausgelöscht wird.

Vater, Dein Wort sagt, dass wenn wir etwas auf Erden binden, es im Himmel gebunden sein wird und wenn wir etwas auf Erden lösen, es im Himmel gelöst sein wird.

So spreche ich zu dir, Satan, zu den Gewalten und Mächten, zu den Weltbeherrschern dieser Finsternis und zu den Geistern der Bosheit in der Himmelswelt, die das Leben von .... beeinflussen: Lasst ihn/sie los und gebt ihn/sie in Jesu Namen frei! Es steht geschrieben: ‚Widerstehet dem Teufel und er wird von euch fliehen.' So widerstehe ich dir, Teufel und du musst jetzt in Jesu Namen von .... fliehen, denn du bist ein besiegter Feind, über den Jesus durch das Kreuz und die Auferstehung triumphiert hat!

Ich proklamiere hier und jetzt den Sieg Jesu über dem Leben von ....! Dieser Sieg ist durch das Blut des Lammes errungen worden!

Vater, ich bitte Dich jetzt in Jesu Namen, dass der freie Raum im Leben von .... mit Deinem Wort, mit den Segnungen Deiner Erlösung, Deinem Heiligen Geist, Deiner Liebe, Deiner Weisheit, Deiner Gerechtigkeit und Deiner Offenbarungserkenntnis ausgefüllt wird.

Dem aber, der gemäß der Kraft, die in uns wirkt, über alles hinaus, über die Maßen mehr, als wir erbitten oder erdenken, zu tun vermag, Ihm sei die Herrlichkeit in der Gemeinde und in Christus Jesus auf alle Geschlechter hin in alle Ewigkeit! Amen!"

Bezugsstellen:

Hebräer 4,16/ Matthäus 18,18/ Kolosser 2,15/ Epheser 3,20-21/ Hesekiel 22,30/ Epheser 6,12/ Offenbarung 12,11/ Jesaja 58,6/ Jakobus 4,7/ Epheser 1,17

34

GEBET FÜR FREISETZUNG VON DEPRESSIONEN

„Vater, Du bist meine Zuflucht und meine Festung in Zeiten der Not. Du bist mein Schild, ich berge mich bei Dir. Ich preise Dich, der Du meine Hilfe und mein Gott bist. Denn Du, Herr, richtest die Niedergedrückten auf. Darum bin ich stark und mein Herz fasst Mut.

Ich bin in Gerechtigkeit gegründet. Ich bin fern von jedem Gedanken der Bedrückung. Ich fürchte mich nicht, denn ich habe nicht einen Geist der Furchtsamkeit empfangen, sondern den Geist der Kraft, der Liebe und der Besonnenheit. Ich bin fern von Schrecken, denn er wird sich mir nicht nahen.

Ich entscheide mich, von nun an über alles nachzusinnen, was wahr, was ehrbar, was gerecht, was rein, was liebenswert, was wohllautend ist und das zu erwägen, was irgendeine Tugend oder irgendein Lob ist.

In Jesu Namen widerstehe ich Satan und jedem Geist der Bedrückung. Ich widerstehe jedem Gefühl der Furcht, der Entmutigung, des Selbstmitleides und der Niedergeschlagenheit. Ich spreche das Wort der Wahrheit in der Kraft Gottes. Ich gebe dir keinen Raum, Satan, keinerlei Anrechte, und ich nehme das kostbare Blut Jesu für mich in Anspruch, das mich bedeckt und frei macht.

Ich nehme meine Gedanken gefangen unter den Gehorsam Christi. Die Waffen meines Kampfes sind nicht fleischlich, sondern durch Gott mächtig zur Zerstörung von Festungen. So zerstöre ich Vernunftschlüsse und jede Höhe, die sich gegen die Erkenntnis Gottes erhebt.

Vater, ich habe Christi Sinn und werde ständig durch Dein Wort in meinem Sinn erneuert. Ich preise Dich, dass Du mich zu jedem guten Werk reich gemacht hast und dass ich mit Dir Großes vollbringen werde. Größer ist der, der in mir wohnt, als der in dieser Welt! Ich vermag alles durch Christus, der mich stark macht.

Ich treffe jetzt die Entscheidung, künftig nicht mehr in Depression zu verharren, sondern mich auf Dich und Dein Wort zu besinnen. Ich will meinen Blick von mir weg auf andere richten und mich nicht mehr nur um mich selbst drehen. Vater, ich nehme mir fest vor, zu reagieren, sobald Depression aufkommen will. Das bedeutet auch, dass ich nicht apathisch werde und lustlos die Zeit im Nichtstun verbringe, sondern mich vielmehr aufraffe und jede Tätigkeit, die nützlich ist, aufnehme.

Ich danke Dir, Vater, dass Du mir das Öl der Freude gegeben hast, ein Lobpreisgewand anstelle von Trauer, eine leuchtende Krone anstelle von Asche und Zuversicht anstelle von Verzweiflung. Ich preise Dich, dass die Freude an Dir meine Stärke ist und dass mir als Erbe in Christus bereits alles, was ich zur Gottseligkeit brauche, gegeben wurde. Amen!“

Bezugsstellen:

Psalm 18,31/ 2. Timotheus 1,7/ Jakobus 4,7/ 2. Korinther 9,8/ Jesaja 61,3/ Psalm 9,10/ Jesaja 54,14/ 2. Korinther 10,3-4/ 1. Johannes 4,4/ Nehemia 8,10/ Psalm 31,25/ Philipper 4,8/ 2. Korinther 2,16/ Philipper 4,13/ 1. Petrus 2,3

35

GEBET FÜR SIEG ÜBER ANGST

„Gott gab mir nicht einen Geist der Furchtsamkeit, sondern der Kraft und der Liebe und der Besonnenheit. Es ist nicht ein Geist der Knechtschaft, den ich empfangen habe, um mich wiederum zu fürchten, sondern der Geist der Sohnschaft, in dem ich rufen kann: Abba, lieber Vater!

Ich bin ein Kind Gottes und mein Vater sorgt sich um mich. Er behütet mich wie Seinen Augapfel; Er bewahrt und stärkt mich. Es gibt keinen Grund, Angst zu haben, denn mein Vater, der Herr, ist mit und in mir und Seine Engel stehen mir zur Seite.

Es gibt nichts, das mich von der Liebe Christi scheiden kann, weder Drangsal noch Angst, weder Verfolgung noch Hungersnot, weder Blöße noch Gefahr noch Schwert. Denn in diesen allen bin ich mehr als ein Überwinder durch den, der mich geliebt hat, und ich bin überzeugt, dass weder Tod noch Leben, weder Engel noch Gewalten, weder Gegenwärtiges noch Zukünftiges noch Mächte, weder Höhe noch Tiefe noch irgendein Mensch mich von der Liebe Gottes zu scheiden vermag, die in Christus Jesus, meinem Herrn, ist.

Und so viele Verheißungen Gottes es auch gibt, in Christus Jesus ist das Ja, und durch Ihn spreche ich, Gott zur Ehre, das Amen!"

Bezugsstellen:

2. Timotheus 1,7/ Psalm 17,8/ 2. Korinther 1,20/ Römer 8,15/ Hebräer 1,14/ 1. Petrus 5,7/ Römer 8,35.37-39

36

GEBET FÜR FREISETZUNG VON GEWOHNHEITEN

„Vater, in Jesu Namen und gemäß Deinem kostbaren Wort glaube ich in meinem Herzen und sage es mit meinem Mund, dass Jesus der Herr über das Leben von .... ist.

Ich bete, dass er/sie von diesem Tag an von der schlechten Gewohnheit .... (nenne die Sache beim Namen) befreit ist.

In Jesu Namen binde ich dich, Satan, und alle deine Dämonen und gehe gegen all eure Bosheit an. Gemäß Matthäus 18,18 ist .... frei von jedem dämonischen Einfluss.

Ich lasse es nicht zu, dass .... noch länger von Satan gequält wird und unreine Geister oder Gewohnheiten ihn/sie beherrschen. .... wird nicht mehr länger Sklave der Sünde sein und sich auch nichts unterwerfen, das sich gegen die Erkenntnis Gottes erhebt.

Ich bete, dass .... durch den Heiligen Geist in seinem/ihren Innern gestärkt und von Neuem von Ihm erfüllt wird. .... ist stark im Herrn. Durch die Vereinigung mit dem Herrn ist er/sie fähig, zu überwinden. .... ganze Kraft kommt vom Herrn.

Ich bete, dass .... die ganze Waffenrüstung Gottes, die Gott ihm/ihr zur Verfügung gestellt hat, anzieht: Den Helm des Heils, den Brustpanzer der Gerechtigkeit, die Schuhe der Bereitschaft, das Evangelium des Friedens zu verkündigen, den Gürtel der Wahrheit, dazu den Schild des Glaubens und das Schwert des Geistes, welches Gottes Wort ist.

Mit Gottes Rüstung angetan ist .... in der Lage, allen Strategien, Verführungen und feurigen Pfeilen des Teufels zu widerstehen. .... richtet seinen/ihren Willen und seinen/ihren Glauben danach aus, vollkommene Freiheit zu empfangen. .... ist freigemacht und erlöst, weil er/sie den Namen des Herrn angerufen hat.

Durch Jesus ist .... fähig, seinen/ihren Körper zu disziplinieren und zu unterwerfen. Er/sie ist freigemacht und widersteht der Versuchung, da Jesus Herr über sein/ihr Leben ist.

Größer ist der, der in .... wohnt, als der, der in der Welt ist. Ich danke Dir, Herr, und ich preise Dich, dass .... von jedem bösen Werk vollständig erlöst ist. Mit Dir und Deinem Wort kann .... seinen/ihren Körper und sein/ihr Fleisch kontrollieren. Es wird und kann .... nicht wieder beherrschen. In Jesu Namen, Amen!“

Bezugsstellen:

Römer 10,9/ Epheser 3,16/ Philipper 4,13/ Matthäus 18,18/ Epheser 6,10-17/ 1. Johannes 4,4/ 2. Korinther 10,4-5/ Römer 10,13/ Römer 8,4.9

37

GEBET FÜR HEILUNG UND GESUNDHEIT

„Vater, ich danke Dir, dass Dein Wort wahr ist. Ich glaube, dass Dein Wort nicht leer zu Dir zurückkehrt, sondern alles ausführt, wozu ich es aussende.

Deshalb glaube ich in Jesu Namen, dass .... gemäß 1. Petrus 2,24 geheilt ist. In Deinem Wort steht, dass Jesus selbst unsere Schwachheiten nahm und unsere Krankheiten trug. Deshalb bekenne ich, dass .... vom Fluch des Gesetzes und somit von jeder Krankheit erlöst ist, denn Jesus selbst ist für uns zum Fluch geworden.

Im Namen Jesu binde ich gemäß Matthäus 18,18 Satan und seine Dämonen im Leben von .... wohnt im Schutz des Höchsten und bleibt im Schatten des Allmächtigen.

Ich danke Dir, Vater, dass jetzt jede Krankheit von .... genommen ist, denn Du bist der Herr, der heilt.

Danke, dass Du Deine Engel aufbietest, um .... auf allen seinen/ihren Wegen zu bewahren und dass sich keine Plage seinem/ihrem Hause naht. Denn Du wirst alle Krankheit von .... abwenden, wenn er/sie im Glauben an Deine wunderbaren Verheißungen festhält.

Das Wort Gottes ist Leben und Heilung für .... Fleisch, und zwar in dem Maße, wie er/sie es aufnimmt. Das Gesetz des Geistes des Lebens in Christus Jesus hat .... vom Gesetz der Sünde und des Todes freigemacht.

Jesus Christus ist der Hohepriester meines Bekenntnisses und ich halte an dem Bekenntnis meines Glaubens fest.

Danke, Vater, dass .... jetzt Gesundheit und Heilung empfangen hat. In Jesu Namen, Amen!“

Bezugsstellen:

Jesaja 55,11/ Galater 3,13/ 2. Mose 15,26/ Römer 8,2/ 1. Petrus 2,24/ Matthäus 18,18/ Psalm 91,10,11/ Hebräer 4,14/ Matthäus 8,17/ Psalm 91,2/ Sprüche 4,22

38

GEBET FÜR KINDER

„Vater, in Jesu Namen glaube und bekenne ich Dein Wort über meinen Kindern. Ich umgebe sie mit meinem Glauben an Dein Wort, dass Du, Himmlischer Vater, darüber wachst, es auszuführen, wenn wir es im Glauben aussprechen.

Ich bekenne und glaube, dass meine Kinder Jünger des Herrn Jesus Christus sind, durch uns vom Ihm gelehrt werden und Seinem Willen gehorsam sind. Groß ist der Friede und die Gelassenheit meiner Kinder, denn Du, Herr, beschützt sie. Vater, ich danke Dir für die Sicherheit und die Freiheit, welche meine Kinder in Dir besitzen.

Du, Vater, willst alles zum Besten für mich machen, wenn ich mich nur richtig verhalte. Ich will alles, was mich beunruhigen, bedrängen und einschüchtern möchte, völlig Dir übergeben und es in Deinen Händen lassen. Vater, ich will Dir allein vertrauen und durch Jesus Verantwortung übernehmen und über alle Umstände herrschen, weil Jesus Christus bereits den Sieg für uns errungen hat.

Vater, ich bete, dass Dir meine Söhne und Töchter einen guten Namen bereiten; nicht in Ausschweifungen leben, sondern bereits vom Mutterleib an mit dem Heiligem Geist vertraut sind. Ich glaube, bete und bekenne auch, dass meine Kinder ihren Eltern im Herrn gehorsam sind, denn das ist gerecht und richtig in Deinen Augen. Meine Kinder erkennen ihre Eltern an, sie schätzen sie als etwas Kostbares und ehren sie, damit es ihnen wohl ergeht und sie lange auf dieser Erde leben, denn das ist das erste Gebot mit Verheißung. Ich glaube und bete, dass meine Kinder das Leben erwählen, Dich von ganzem Herzen lieben, Herr, Deiner Stimme gehorsam sind und Dir allein anhangen und nachfolgen.

Darum sind meine Kinder der Kopf und nicht der Schwanz und sie werden immer nur aufwärts steigen und nicht hinuntersinken. Gesegnet werden sie sein bei ihrem Eingang und bei ihrem Ausgang. Ich löse Deine Engel für sie, damit sie sie auf allen ihren Wegen bewahren. Du, Herr, bist ihre Zuflucht und ihre Burg. Du bist ihre Ehre und Du lässt sie Dein Heil schauen. Amen!"

Bezugsstellen:

Jeremia 1,12/ 1. Petrus 5,7/ 5. Mose 30,19-20/ Jesaja 54,13/ Lukas 1,15/ 5. Mose 28,6,13/ Jesaja 49,25/ Epheser 6,1-3/ Psalm 91,2.11

39

BEKENNTNIS UND GEBET DER ELTERN

„Als Eltern werden wir unsere Kinder nicht zum Zorn reizen, herausfordern oder beängstigen. Wir werden nicht hart mit ihnen umgehen, sie weder drangsalieren noch entmutigen, verdrießlich stimmen oder verursachen, dass sie mürrisch werden oder sich minderwertig und frustriert fühlen.

Wir werden ihren Geist nicht brechen oder verletzen. Wir werden sie sanft und doch konsequent in der Disziplin, dem Ratschlag und der Ermahnung des Herrn erziehen, denn Dein Wort sagt: ‚Erziehe den Knaben im Weg des Herrn und er wird nicht davon weichen, wenn er älter wird.'

Oh Herr, unser Gott, wie herrlich ist Dein Name auf der ganzen Erde, der Du alles so wunderbar geschaffen hast! Aus dem Mund der Kinder und Säuglinge hast Du Macht gegründet um Deiner Bedränger willen, um den Feind und den Rachgierigen zum Schweigen zu bringen. Ich will Dich mit meinem ganzen Herzen preisen, Herr. Der Widersacher kann meine Kinder nicht anrühren! In Jesu Namen nehmen .... zu an Weisheit, Gunst und Gnade bei Gott und den Menschen. Amen!"

Bezugsstellen:

Kolosser 3,21/ Psalm 8,2-3/ Epheser 6,4/ Psalm 9,2-3/ Sprüche 22,6/ Lukas 2,52

40

GEBET FÜR DIE FAMILIE

„Vater, ich danke Dir, dass Du mich mit jeder geistlichen Segnung, die in Christus Jesus ist, gesegnet hast. Wohlergehen und Frieden sind mein Erbe in Christus.

Mein Leben, meine ganze Familie und mein Zuhause sind durch Unterscheidungsvermögen und göttliche Weisheit gebaut und durch Verständnis auf einem guten Fundament gegründet. Durch Erkenntnis werden die Kammern mit kostbaren und angenehmen Gütern gefüllt. Das Haus der Gerechten bleibt bestehen. Vermögen und Reichtum sind in Jesu Namen in meinem Haus. Ich danke Dir, Vater, dass wir genügend zum Leben haben und noch darüber hinaus, um auch andere segnen zu können.

Mein Haus ist sicher gebaut. Es ist auf einem Felsen - dem Wort Gottes - gegründet. Jesus ist mein Eckstein und Er ist der Herr in meinem Haus. Jesus ist unser aller Herr (nenne die Namen der Personen, die in deinem Hause wohnen)!

Herr, was immer unsere Aufgabe ist, wir tun sie von ganzem Herzen für Dich - und nicht für Menschen. Wir lieben einander mit der Liebe Gottes und wohnen zusammen in Frieden. Meine Familie ist Deinem Schutz und Deiner Fürsorge anbefohlen. Dein Friede und Deine Freude, Herr, sowie Zuversicht und Segen sollen nie von meiner Familie weichen.

Vater, ich und mein Haus, wir wollen Dir dienen, im Namen Jesu Christi! Halleluja! Amen!“

Bezugsstellen:

Epheser 1,3/ Sprüche 15,6/ Apostelgeschichte 4,11/ Kolosser 3,23/ Sprüche 24,3-4/ Psalm 112,3/ Apostelgeschichte 16,31/ Kolosser 3,14-15/ Sprüche 12,7/ Lukas 6,48/ Philipper 2,9-11/ Josua 24,15

41

GEBET DER EHEFRAU FÜR IHREN EHEMANN

„Vater, ich danke Dir, dass mein Mann mich liebt, so wie auch Christus die Gemeinde liebt, und dass er sich selbst für mich hingibt. Ich nehme Dein Wort, Vater, und bete, dass .... auf Deine Wege und Deine Weisheit achtet. Er leiht sein Ohr der göttlichen Weisheit und neigt sein Herz dem Verständnis zu. Er strebt mit ganzer Kraft danach.

Barmherzigkeit, Gnade und Treue werden ihn nicht verlassen. Er bindet sie um seinen Hals und schreibt sie auf die Tafeln seines Herzens. Er schätzt die Weisheit Gottes hoch und sie wird ihn zu Ehren bringen, denn er hält sich an ihr fest. Der Herr ist seine Zuversicht und bewahrt seinen Fuß vor einer Falle.

Die Weisheit Gottes leitet .... beim Gehen. Wenn er liegt, behütet sie ihn. Wacht er auf, so redet sie zu ihm. Darum öffnet er seine Lippen in Aufrichtigkeit und spricht Worte, die Leben hervorbringen. Alle Worte, die aus seinem Mund hervorkommen, sind ehrlich und gerecht, ohne jede Verschlagenheit oder Falschheit.

Mein Ehemann und ich sind mit Deinem Schutz umgeben und haben zuversichtliches Vertrauen auf Dich und zueinander. Wir leben in Frieden und sind ohne Furcht vor Bösem. .... lebt einsichtig mit mir zusammen, als mit einem schwächeren Gefäß und gibt mir Ehre, da auch ich Miterbe der Gnade des Lebens bin, und so werden unsere Gebete keinesfalls verhindert. Ich bekenne, dass wir eines Sinnes sind, vereint im Geist, mitfühlend und höflich, sanftmütig und demütig. Wir leben in Wohlstand, in Harmonie und unter Deinem

Schutz, denn wir lieben und respektieren einander. .... ist ein guter Ehemann und Vater, der seinem Haus gut vorsteht und sich so verhält, dass Du ihm verantwortungsvolle Aufgaben anvertrauen kannst. Er ist treu in allen Aufgaben, die Du ihm zugeteilt hast, und wird zur rechten Zeit von dir, Herr, befördert. Als Ehefrau stehe ich zu ihm und unterstütze ihn, wo ich kann.

Danke, Vater, dass alles gelingt, was immer .... tut und dass Dein Segen auf seiner Arbeit liegt.

Er führt sein Leben in Deiner Gerechtigkeit und fängt als Menschenfischer Menschen für Dein Reich. Er hat die Zuversicht, dass Du, Herr, ihn auf allen seinen Wegen führst und all seiner Not begegnest. Die Gunst des Herrn ist auf ihm und er lebt nach dem Willen Gottes. In Jesu Namen, Amen!“

Bezugsstellen:

Epheser 5,25-31/ Sprüche 4,8/ Sprüche 8,6.8/ Jesaja 48,17/ Sprüche 2,2/ Sprüche 3,26/ Sprüche 1,33/ Sprüche 3,3/ Sprüche 6,22/ 1. Petrus 3,7-9

42

GEBET FÜR EINE HARMONISCHE EHEBEZIEHUNG

„Vater, im Namen Jesu beten und bekennen wir, dass wir .... (nenne beide Ehepartner) langmütig sind, ohne Neid, nicht groß tun und uns nicht aufblähen. Wir benehmen uns nicht unanständig und suchen nicht das unsere. Wir lassen uns auch nicht erbittern und rechnen das Böse nicht zu. Wir freuen uns nicht über Ungerechtigkeit, sondern wir freuen uns mit der Wahrheit. Wir ertragen alles und glauben das Beste voneinander. Unsere Hoffnung ist unerschütterlich. Unsere Liebe vergeht niemals und versagt nie.

Wir streben nach Deiner Liebe, die durch den Heiligen Geist, der uns gegeben worden ist, in unsere Herzen ausgegossen ist. Wir beten, dass unsere Liebe mehr und mehr in aller Erkenntnis und Einsicht überströme. Wir glauben, dass sich die Liebe in uns voll entfaltet und uns eng verbindet. Sie befähigt uns zu jedem guten Werk. Sie bewirkt in uns sowohl das Wollen, als auch das Vollbringen zu Deinem Wohlgefallen.

Wir danken Dir, Vater, dass Du uns zusammengeführt hast und wir glauben, dass unsere Beziehung unter Deinem Segen steht. Wir leben und führen unsere Ehe ehrbar und anständig. Wir achten sie als kostbar und wertvoll. Wir geben uns einander hin, erfreuen uns aneinander und sind derselben Gesinnung und eines Geistes.

Vater, in Jesu Namen treffen wir die Entscheidung und bekennen, dass wir zueinander gütig und freundlich sind und einander bereitwillig vergeben, so wie Du uns in Christus vergeben hast.

Wir trachten nach dem Frieden Gottes, der unsere Herzen und Sinne in Christus Jesus bewahrt. Wir handeln aus Liebe und wohnen in Frieden zusammen, damit unsere Gebete nicht verhindert werden. Wir sind beide Miterben der Gnade des Lebens.

Unsere Ehe wächst in der Liebe, und das Band der Einigkeit wird immer stärker, denn unsere Beziehung ist in Deinem Wort und Deiner Liebe fest gegründet und verwurzelt.

Wir bekennen, dass wir und unsere Familie in allen Dingen in der Wahrheit leben und in allem hinwachsen zu Christus, der das Haupt ist. Als geliebte Kinder sind wir Nachahmer Gottes. Wir wandeln in dem Bewusstsein, dass auch Christus uns geliebt hat und sich selbst für uns hingegeben hat. Danke, Vater, dass unsere Ehe Tag für Tag fester und beständiger wird, denn sie ist auf Deinem Wort und auf Deiner Liebe gegründet. Amen!“

Bezugsstellen:

1. Korinther 13,4-8/ Philipper 1,9/ Philipper 2,13/ Jesaja 32,17/ Epheser 3,17/ Epheser 5,1-2/ 1. Korinther 14,1/ Kolosser 3,14/ Philipper 2,2/ Philipper 4,7/ Jeremia 1,12/ Römer 5,5/ Kolosser 1,10/ Epheser 4,32/ 1. Petrus 3,7/ Epheser 4,15.32

43

FÜRBITTE FÜR EINE KRISELNDE EHE

„Vater, im Namen Jesu bringen wir das Ehepaar .... vor Dich. Vater, im Glauben an Dein Wort beten und bekennen wir, dass sie alle Bitterkeit, Zorn, Bosheit, Wut, Groll, Streitsucht, negative und lästerliche Rede ablegen. .... sind hilfsbereit und freundlich zueinander, sanftmütig, barmherzig, verständnisvoll, liebenswürdig und vergeben einander, so wie Du, Vater, ihnen vergeben hast.

Wir beten und glauben, dass .... als Seine geliebten Kinder Gottes Nachahmer sind. Sie wandeln in Liebe, wie auch Christus sie geliebt und sich selbst als Gabe und Schlachtopfer für sie hingegeben hat.

Satan, in Jesu Namen binden wir dich im Leben von ....

Wir gebieten dir und deinen Dämonen Einhalt bezüglich deiner Absicht, ihre Ehe zu zerstören. In der Autorität Jesu Christi brechen wir all eure Macht und unterbinden euer Wirken in dieser Ehe.

Vater, wir danken Dir, dass sie im Geist ihrer Gesinnung erneuert werden und dass sie den neuen Menschen anziehen, der nach Gott geschaffen ist, in wahrhaftiger Gerechtigkeit und Heiligkeit. Danke, Vater, dass sie zur Erkenntnis der Wahrheit gelangen und aus dem Fallstrick des Teufels heraus wieder nüchtern werden, damit sie sich nunmehr Deinem Willen hingeben und einander mit der Liebe Gottes lieben und ehren.

Himmlischer Vater, wir danken Dir für Dein Wirken. In Jesu Namen, Amen!“

Bezugsstellen:

Epheser 4,31.32/ Epheser 4,23.24/ Epheser 5,1-2/ 2. Timotheus 2,26/ Matthäus 18,18

44

GEBET DER EHEFRAU

(Nach Sprüche 31)

„Vater, in Jesu Namen nehme ich Dein Wort und glaube, dass ich eine fähige, kluge, geduldige und tugendhafte Frau bin. Dein Wort sagt, dass ich weitaus kostbarer bin als Juwelen. Mein Mann und meine Kinder schätzen mich mehr als Rubine und Perlen, weil ich in Jesus bin!

Mein Mann und meine Kinder vertrauen mir zuversichtlich. Sie können sich auf mich verlassen, so dass es ihnen nicht an ehrlichem Gewinn fehlt und sie nicht auf Unehrlichkeit angewiesen sind. Ich werde sie trösten, ermutigen und ihnen nur Gutes tun, solange ich lebe.

Ich umgürte mich mit Deiner göttlichen Kraft - sowohl für den natürlichen, wie auch für den geistlichen Bereich und - mit geistlicher, seelischer und körperlicher Bereitschaft für meine gottgegebenen Aufgaben.

Ich erkenne, dass der Erwerb meiner Arbeit mit und für Gott gut ist. Mein Licht geht nicht aus, es brennt durch die Nacht jeder Schwierigkeit, Entsagung oder Trauer hindurch und treibt Furcht, Zweifel und Misstrauen aus.

Ich stehe früh auf und sorge für natürliche und geistliche Nahrung in meinem Haus. Ich öffne meine Hand den Armen und reiche meine gefüllten Hände den Bedürftigen und sättige sie an Geist, Seele und Körper.

Kraft und Würde sind mein Gewand. Ich lache der Zukunft entgegen. Meine ganze Familie lebt in Frieden und Sicherheit und ist bereit für die Zukunft.

Ich öffne meinen Mund mit geschickter und göttlicher Weisheit. Auf meiner Zunge liegt das Gesetz der Güte und der Liebe.

Ich achte auf den guten Ablauf in meinem Haushalt. Das Brot der Faulheit, des Geschwätzes, der Unzufriedenheit oder des Selbstmitleides werde ich nicht essen.

Meine Kinder wachsen heran und preisen mich gesegnet und glücklich. Mein Ehemann rühmt und lobt mich und sagt, dass ich in meiner Hände Arbeit unübertrefflich bin. Auch er selbst wird in allem, was er tut, Erfolg haben.

Ich liebe Dich von ganzem Herzen, Herr, und wandle Dir gegenüber in Ehrfurcht. Du, Herr, wirst mir die Frucht meiner Hände geben. Meine Werke werden mich preisen, wohin ich gehe.

Lieber Vater, ich will vor Dir bekennen, dass ich eine Frau bin, die sich ihrem Mann willentlich und gerne unterordnet. Ich danke Dir für meinen Mann, denn er ist das Haupt über mir, so wie auch Christus das Haupt der Gemeinde ist.

Danke, Vater, dass Du mir durch den Heiligen Geist die Fähigkeit, Kraft und Bereitschaft gibst, das zu tun, was Dein Wort in Sprüche 31,10-31 sagt - eine gute, tüchtige und von Dir gesegnete Frau zu sein, die Dir wohlgefällt. Amen!"

Bezugsstelle:

Sprüche 31,10-31

45

BEKENNTNIS FÜR EINE HUNDERTFACHE RÜCKGABE DER OPFERGABE

„Vater, ich glaube, dass Dein Wort wahr und vollkommen ist, und ich stelle es über alles - über Häuser, Brüder, Schwestern, Mutter, Vater, Kinder und Besitz. Ich danke Dir für eine hundertfache Rückgabe all der Dinge, die ich um des Evangeliums willen aufgegeben habe. Ich bekenne Dir und allen Heerscharen des Himmels und der Erde, dass das Hundertfache mir gehört. Ich danke Dir, Herr, dass Du jetzt bewirkst, dass Deine Segnungen im Überfluss auf mich kommen, damit ich wiederum andere segnen und in Dein Reich geben kann.

Dein Wort sagt, dass mir dies zusteht; also nehme ich es im Glauben an und sage Dir Dank dafür. Ich trachte nicht nach Dingen, sondern in erster Linie nach Deinem Reich, Herr, und alles andere - Kleidung, Essen, Trinken und materieller Besitz - wird mir durch Dich zuteil werden.

Ich empfange den Überfluss des Lebens. Ich empfange Deine Segnungen. Du bist es, der mir Kraft gibt, Reichtum zu erwerben, denn Du richtest Deinen Bund mit mir auf. Ich danke Dir, dass die Offenbarungserkenntnis darüber, was dieser Bund ist, in meinem Herzen ständig wächst.

Das Wort Gottes ist wahr, und ich weiß, Vater, dass Du über Deinem Wort wachst, um es in meinem Leben auszuführen. Ich bin Dir dankbar, dass Dein Segen reich macht und dass eigenes Abmühen dem nichts hinzufügt. Danke, dass ich im Segen wandeln kann und vom Fluch des Gesetzes erlöst bin. Die Güte und die Barmherzigkeit des Herrn währen ewig; sie folgen mir alle Tage meines

Lebens. In Jesu Namen! Preis und Ehre sei Gott, unserem Vater, immerdar! Amen!"

Bezugsstellen:

Markus 10,29-30/ 5. Mose 8,18/ Sprüche 10,22/ Markus 11,23/ Kolosser 1,9/ 5. Mose 30,19-20/ Matthäus 6,33/ Jeremia 1,12/ Psalm 23,6

46

DIE WEIHE DES ZEHNTEN UND DER OPFERGABE

„Vater, ich trete in Jesu Namen vor Dich. Ich danke Dir, dass ich durch Jesus Christus in dem Land bin, das Du, Herr, für mich vorgesehen hast.

Ich war einst ein Sünder, der Satan diente; er war mein Herr. Doch ich rief den Namen des Herrn Jesus an und Du hast mein Rufen gehört und mich in das Reich Deines lieben Sohnes versetzt.

Jesus, Dir meinem Herrn und Hohenpriester bringe ich nun freudig und voll Vertrauen die Erstlingsfrucht meines Einkommens dar und bete damit Dich und den Herrn, unseren Gott, an.

Vater, ich danke Dir für all das Gute, das Du mir und meinem Haushalt gegeben hast und ich will Dir nun den Zehnten davon weihen. Ich gebe gerne in Dein Reich, so dass dieses mehr und mehr gebaut werden kann und Menschen gesegnet werden. Stets achte ich auf Deine Stimme, Herr, und will in Deinem Willen leben und dementsprechend handeln.

Ich danke Dir auch, Vater, dass Du, gemäß Deinem Wort, für mich den Fresser schelten und die Fenster des Himmels auftun wirst, um mir Segen auszugießen bis zum Überfluss. Ich anerkenne, dass der Zehnte Dein absolutes Eigentum ist und dass meine Opfergaben, die ich im Glauben gebe, das Ausmaß unserer Ernte bestimmt. Preis sei Dir! Amen!"

Bezugsstellen:

5. Mose 26,1-2.10-15/ Hebräer 3.1.7-8/ Epheser 2,1-5/ Maleachi 3,10-12/ Kolosser 1,13

47

GEBET UM WOHLSTAND FÜR DICH UND ANDERE

„Vater, im Namen Jesus bekenne ich Dein Wort über .... (Namen der Person). Ich spreche es mit meinem Mund und glaube im Herzen, dass Dein Wort nicht leer zu Dir zurückkehrt, sondern dass es bewirken wird, was Dir gefällt und ausführen wird, wozu ich es aussende.

In Jesu Namen glaube ich, dass Du den Nöten von .... nach Deinem Reichtum in Herrlichkeit in Christus Jesus begegnest. Gemäß Deinem Wort haben sie gegeben und es wird ihnen ein gutes, gedrücktes, gerütteltes und überlaufendes Maß in ihren Schoß gegeben werden. Denn mit demselben Maß, mit dem sie messen, wird ihnen gemessen werden. Ich bete auch, dass sie mehr und mehr den Segen des Gebens erkennen und aus freiem Herzen, ohne zurückzuhalten, nach dem Maß ihres Glaubens geben.

Vater, Du hast .... aus der Macht der Finsternis errettet und in das Reich Deines geliebten Sohnes versetzt.

Satan, im Namen Jesus gebiete ich dir Einhalt im finanziellen Bereich von .... und binde dich gemäß Matthäus 18,18 in deinen räuberischen und zerstörerischen Absichten! Vater, ich sende Deine Engel - die dienstbaren Geister - zum Dienst an ihnen aus, damit sie auf wunderbaren Wegen mit allem Nötigen versorgt werden.

Vater, Du bist meine Zuflucht, Stärke und Beistand in Zeiten der Not und Drangsal. Du bist mehr als genug für mich! Herr, Du vermagst es, Deine Gnade auf

.... überströmen zu lassen, damit sie in allem allezeit volle Genüge haben und überströmen zu jedem guten Werk. In Jesu Namen, Amen!“

Bezugsstellen:

Jesaja 55,11/ Kolosser 1,13/ Psalm 46,2/ Philipper 4,19/ Matthäus 18,18/ 2. Korinther 9,8/ Lukas 6,38/ Hebräer 1,14

48

EIN TÄGLICHES BEKENNTNIS

„Lieber Himmlischer Vater, dies ist der Tag, den Du gemacht hast! Ich werde mich freuen und fröhlich sein! Denn größer ist der, der in mir wohnt, als der, der in der Welt ist. Ich vermag alles durch Christus, der mich stärkt. Deshalb werde ich nicht müde darin, Gutes zu tun, denn zur rechten Zeit werde ich ernten, wenn ich nicht ermatte. Gott wird all meiner Not begegnen gemäß Seinem Reichtum in Herrlichkeit in Christus Jesus.

Und Er wird mich in vollkommenem Frieden bewahren, denn mein Sinn ist auf Ihn gerichtet und ich vertraue ganz auf Ihn. Und Ihm, der gemäß der Kraft, die in mir wirkt, über die Maßen mehr zu tun vermag als ich erbitten oder erdenken kann, übergebe ich diesen Tag und Ihm sei alle Ehre dafür. In dem Namen Jesus Christus, meinem Herrn und Erlöser. Amen!“

Bezugsstellen:

Psalm 118,24/ Galater 6,9/ Epheser 3,20/ 1. Johannes 4,4/ Philipper 4,19/ Philipper 4,13/ Jesaja 26,3

49

ALLGEMEINES GEBET FÜR GESCHWISTER IM HERRN

„.......................... ist ein Jünger Christi und vom Herrn gelehrt. Sein/ihr Friede ist groß, denn Christus selbst, der in .... wohnt, ist sein/ihr Friede.

Ich bete, dass .... in seiner/ihrer Gesinnung erneuert wird, nachdem er/sie den neuen Menschen angezogen hat, der nach Gott geschaffen ist in wahrhaftiger Gerechtigkeit und Heiligkeit. .... bekennt die Wahrheit in Liebe und wächst in allem hin zu Ihm, der das Haupt ist, Christus. Ich bete, Herr, dass sich .... Deinen Zeugnissen zuneigt und nicht selbstsüchtigem Gewinn nachjagt; dass er/sie nicht die Welt liebt, noch was in der Welt ist, sondern sich vielmehr abwendet von der Lust des Fleisches (dem Streben nach sinnlicher Befriedigung), von der Lust der Augen (habsüchtigem Verlangen der Gedanken) und dem Hochmut des Lebens (Vertrauen auf eigene Mittel und Wege und auf die Beständigkeit irdischer Dinge).

.... soll von den Reden Deines Mundes nicht weichen und sie nicht verlassen, so werden sie sie/ihn behüten und bewahren. .... soll Deine Worte nicht aus seinen/ihren Augen weichen lassen, sondern sie im Innern seines/ihres Herzens bewahren. Denn sie sind Leben denen, die sie finden und Heilung für ihren Leib.

Ich bete, dass .... nichts aus Eigennutz oder eitler Ruhmsucht tut, sondern dass er/sie andere in Demut höher achtet als sich selbst. .... sieht nicht auf das Seine/Ihre, sondern auch auf das der anderen.

Diese Gesinnung sei in ihm/ihr , wie sie auch in Christus Jesus war und ist.

Vater, ich danke Dir in Jesu Namen für die Erhörung meines Gebetes. Amen!“

Bezugsstellen:

Jesaja 54,13/ Epheser 4,15/ Sprüche 4,5b,6/ Epheser 2,14/ Psalm 119,36/ Sprüche 4,21-22/ Epheser 4,23-24/ 1. Johannes 2,15,16/ Philipper 2,3-5

50

GEBET FÜR EIN LEBEN IM GEIST UND NICHT IM FLEISCH

„Vater, ich bete, dass .... ein Täter des Wortes ist. Gib Du ihm/ihr die Weisheit von oben und verändere ihn/sie so, dass er/sie mehr und mehr friedsam, gütig, gehorsam, voller Barmherzigkeit und guter Früchte, unparteiisch und ungeheuchelt ist. Ich bete und bekenne, dass .... Dir untergeordnet ist und im Geist wandelt.

Das Gesetz des Geistes des Lebens in Christus Jesus hat .... frei gemacht vom Gesetz der Sünde und des Todes.

.... wird nicht vom unerneuerten Seelenleben (vom Fleisch oder von den Sinnen) beherrscht, sondern ist unter der Kontrolle des Heiligen Geistes.

Der Heilige Geist, der in .... wohnt, leitet und führt ihn/sie.

.... ist ein Überwinder und hat überragenden Sieg durch Jesus Christus, der ihn/sie liebt. Er/sie wird nicht vom Bösen überwunden, sondern überwindet das Böse mit dem Guten. .... hat die Waffen des Lichts angezogen; er/sie hat die Natur Gottes (= Wiedergeburt) angezogen und braucht sich nicht mehr von den fünf Sinnen, widerbiblischen Willensentscheidungen und ungöttlichen Gedanken beherrschen zu lassen.

.... widersteht entschlossen dem Teufel und dieser flieht von ihm/ihr. .... fürchtet sich nicht, denn er/sie weiß, dass Gott ihn/sie nicht verlässt noch versäumt.

Der Heilige Geist hat in .... Wohnung

gemacht und ich bitte Dich, Vater, dass Er ständig mehr Raum in ihm/ihr gewinnt. Ich danke Dir, dass .... von Deinem Heiligen Geist geleitet wird und Acht gibt auf das innere Zeugnis, durch das Du zu ihm/ihr redest. Amen!"

Bezugsstellen:

Jakobus 1,22/ Römer 8,4/ Römer 13,12/ Hebräer 13,5/ Jakobus 3,17/ Römer 8,37/ Römer 13,14/ Römer 8,2/ Römer 12,21/ Jakobus 4,7

51

GEBET UM KÜHNHEIT

„Vater, ich bete, dass Du mir gewährst, Dein Wort mit aller Freimütigkeit zu sprechen und Dein Evangelium mit Kühnheit zu verkünden.

Ich glaube, dass ich jetzt diesen verheißenen Mut empfangen habe. Deshalb habe ich Freimütigkeit, vor Deinen Thron der Gnade zu treten, um Barmherzigkeit zu empfangen und Gnade zu finden zur rechtzeitigen Hilfe.

Jesus ist das Haupt jeder Gewalt und jeder Macht und Er hat uns Autorität gegeben, auf Schlangen und Skorpione (= dämonische Mächte) zu treten und über die ganze Kraft des Feindes, und nichts soll uns irgendwie schaden.

Gemäß Gottes Wort bin ich ein Held. In Jesu Namen ergreife ich heute in meinem Leben Autorität über Satan, böse Geister, Krankheit und Armut, denn Jesus ist das Haupt und Er ist Herr über alles. Gott hat in Ihm die Gewalten und Mächte völlig entwaffnet und sie öffentlich zur Schau gestellt. In Christus hielt Gott einen Triumph über sie.

Ich bin kühn wie ein Löwe, denn ich bin Gottes Gerechtigkeit in Christus Jesus. Ich bin durch die Neue Geburt Seiner geistlichen Natur teilhaftig geworden und dadurch in Ihm.

Preis sei dem Namen Jesus! Amen!"

Bezugsstellen:

Apostelgeschichte 4,29/ Lukas 10,19/ 2. Korinther 5,21/ Hebräer 4,16/ Joel 4,11/ Kolosser 2,10/ Kolosser 2,15

52

GEBET UM SCHUTZ

„Vater, ich danke Dir, dass ich in Deinem Schutz wohne und stets in Deinem Schatten bleibe. Du bist meine Zuflucht und meine Burg, ich vertraue in allen Dingen ganz Dir.

Du hast mich von verderblichen Krankheiten errettet und bewahrst mich vor Fallen, die mir gestellt werden. Deine Treue umgibt mich schützend.

Ich brauche mich also vor dem Schrecken der Nacht und den Gefahren des Tages nicht zu fürchten, denn sie erreichen mich nicht. Dein Wort sagt dies und ich glaube Dir.

Auch wenn meine Augen sehen, wie böse Dinge geschehen, so will ich doch zuversichtlich auf Dich vertrauen und den Zusagen in Deinem Wort glauben. Wenn ich Dein Wort proklamiere, sorgst Du, Herr, dafür, dass mir kein Unglück begegnet und sich keine Plage meiner Familie und meinem Haus naht. Indem ich im Glauben Deine Verheißungen über Schutz proklamiere, bietest Du Deine Engel auf, damit sie uns auf allen unseren Wegen bewahren. Sie achten darauf, dass unser Fuß nicht an einen Stein stößt. Von Dir habe ich durch den Namen Jesu Vollmacht über die ganze Macht des Feindes. Deshalb sind Satan und seine Dämonen unter meinen Füßen und sie haben keinerlei Anrechte an mir. Weil ich Dich kenne, Herr, Dein Kind bin und Dir glaube, hast Du mich aus allem errettet. Ich habe die Zuversicht, dass Dein Schutz mich umgibt, denn ich rufe Dich an und Du antwortest mir. Auch in Notzeiten verlässt Du mich nicht. Du befreist mich und bringst mich zu Ehren. Du sättigst mich mit langem Leben und lässt mich dein Heil schauen. Dank sei Dir!

FÜR DEN SCHLAF ...
Auch wenn ich zu Bett gehe, soll Lobpreis in meinem Munde sein. Ich lege mich nieder, und Du bist in und bei mir. In Frieden lege ich mich hin und schlafe, denn Du alleine, Herr, lässt mich in Sicherheit wohnen. Ich lege mich nieder und habe keine Angst. Mein Schlaf ist tief, erholsam und angenehm, denn Du lässt mir sogar im Schlaf Segnungen zuteil werden.

AUF REISEN ...
Wenn ich mich auf den Weg mache, so habe ich die Gewissheit, dass Du und Deine Engel mit mir sind, dass all meine Wege geebnet sind und Du mich den Weg führst, den ich gehen soll. Mein Geist und meine Gedanken sind fest auf Dich gerichtet und so bleibe ich beständig in vollkommenem Frieden. Ich gelange ohne Schwierigkeiten an meine Reiseziele und zurück, denn ich bin bei meinem Eingang und bei meinem Ausgang gesegnet.

Ich danke Dir, Vater, für Deine wunderbaren Zusagen und Deine große Treue! Im Namen Jesu, Amen!“

Bezugsstellen:

Psalm 91/ Lukas 10,19/ Psalm 4,9/ Sprüche 3,6/ Psalm 34,8/ Psalm 149,5/ Sprüche 3,24/ Jesaja 26,3/ Psalm 112,7/ Psalm 3,6/ Psalm 127,2/ 5. Mose 28,6

53

GEBET FÜR GERICHTLICHE ANGELEGENHEITEN

„Vater, in Deinem Wort steht geschrieben, dass ich Dich bitten soll und dass Du mir antworten und große, unfassbare Dinge zeigen wirst. Ich erinnere Dich an Dein Wort und danke Dir, dass Du darüber wachst, es auszuführen.

Ich sage, dass es keiner Waffe, die gegen mich geschmiedet ist, gelingen wird und dass ich jede Zunge, die vor Gericht gegen mich aufsteht, schuldig sprechen werde. Dieser Frieden, diese Sicherheit und dieser Triumph über meine Gegner ist mein Erbe als Dein Kind. Das ist die Gerechtigkeit, die ich von Dir, Vater, erhalten habe. Du hast sie mir durch die vollkommene Erlösungstat Jesu geschenkt. Jeder Gedanke des Verderbens ist weit entfernt von mir, denn ich bin frei von Angst und Schrecken. Sie können sich mir nicht nahen.

Vater, Du sagst auch, dass Du meine Füße auf festen Grund gestellt und mich unerschütterlich gemacht hast, mir Stärke gabst und meine Verteidigung garantierst. Das bedeutet, dass Du meine Rechtfertigung gegen alle ungerechten Beschuldigungen und Anklagen bist. Du bist gegen diejenigen, die gegen mich sind und Du sprichst für mich. Ich wohne im Schutz des Höchsten und dort bin ich vor dem Gezänk der Zungen in Sicherheit.

Vater, Du hasst falsche Zeugen, deshalb bin ich ein wahrhaftiger Zeuge und alle meine Worte sind aufrichtig und gerecht vor Dir.

Ich entscheide mich, beharrlich zu sein, stets Ruhe zu bewahren und in Sanftmut zu sprechen und zu antworten. Danke, dass Du am Herzen des Richters wirkst und dass er klar erkennt, was in Deinen Augen gerecht ist. Danke,

Vater, dass Du dafür sorgst, dass auch die härtesten Widerstände zerbrechen.

Ich werde nicht ängstlich darüber sein, was ich zu meiner Verteidigung antworten oder was ich sagen soll, denn der Heilige Geist lehrt mich in jener Stunde, was ich zu sagen habe. Ich danke Dir, Vater, dass ich in der entsprechenden Situation genau wissen werde, was ich jedem einzelnen antworten soll und dass meine ganze Rede mit Salz gewürzt ist.

Ich danke Dir auch, dass Satan und jeder bedrohliche Geist gebunden ist und nicht gegen mich wirksam werden kann, weil ich in Dir stark bin und in der Macht Deiner Stärke mit dem gesprochenen Wort jeden feurigen Pfeil der Anfechtung auslöschen kann. Danke, dass ich zunehme an Weisheit und Charakter, sowie an Gunst bei Dir und bei den Menschen. Preis sei dem Herrn, Amen!“

Bezugsstellen:

Jeremia 33,3/ Jesaja 54,14/ Psalm 91,1/ Sprüche 14,25/ Kolosser 4,6/ Lukas 2,52/ Jeremia 1,12/ 1. Korinther 1,8/ Psalm 31,20/ Sprüche 25,15/ Matthäus 18,18/ Jesaja 54,17/ Jesaja 49,25/ Sprüche 6,19/ Lukas 12,11-12/ Epheser 6,10.16

54

GEBET FÜR EINE ARBEITSSTELLE

„Vater, in Jesu Namen glaube ich Deinem Wort und bekenne es heute über .... , denn ich weiß, dass Du es ausführst. Dein Wort wächst mehr und mehr in ihm/ihr. Ich bete, dass .... eine gute Arbeitsstelle bekommt, an der er/sie seine/ihre Fähigkeiten einsetzen kann und für die er/sie auch genügend Lohn erhält, um seinen/ihren Lebensunterhalt finanzieren und sogar im Überfluss leben zu können.

Du bist für .... die Quelle aller Versorgung und Ermutigung.

.... ist mutig und wächst an Stärke. Sein/ihr Wunsch ist es, keinem Menschen etwas schuldig zu sein, als ihn zu lieben. Deswegen ist .... stark und lässt seine/ihre Hände nicht schwach werden, noch erschlaffen, denn sein/ihr Tun wird belohnt werden. ....'s Lohn wird nicht als Gnade oder Geschenk angesehen, sondern als etwas, das man ihm/ihr schuldet. .... macht es zu seinem/ihrem Bestreben und bemüht sich entschieden darum, still und friedlich zu leben, um seine/ihre eigenen Geschäfte zu verrichten und mit seinen/ihren Händen zu arbeiten, damit er/sie anständig wandelt. .... lebt rechtschaffen und ehrbar und verdient den Respekt seiner/ihrer Umgebung, da er/sie sich selbst versorgt, von niemandem abhängig ist und an nichts Mangel hat, denn Du, Vater, begegnest allen seinen/ihren Nöten.

.... arbeitet in Stille und ohne zu murren, um sich sein/ihr eigenes Geld zu verdienen. ....

strebt ständig danach, aufrichtig und anständig zu leben und zu handeln und ermattet darin nicht.

.... lernt es, sich guter Taten zu befleißigen - ehrlicher Arbeit und rechtschaffener Beschäftigung nachzugehen, um dadurch in der Lage zu sein, jedem Anspruch gerecht zu werden, wann immer es die Situation erfordert.

.... fürchtet sich nicht und ist nicht bestürzt, denn Du, Vater, stärkst ihn/sie. Vater, Du hilfst .... in Jesu Namen. In Jesus hat er/sie vollkommenen Frieden und Zuversicht und ist guten Mutes, denn Er hat die Welt überwunden. Jesus hat die Mächte der Finsternis jeder Kraft beraubt und Satan kann .... nichts anhaben.

.... ärgert sich nicht und ist nicht ängstlich, denn Dein Friede, Vater, ist in seinem/ihrem Herzen und bewahrt seinen/ihren Sinn. .... ist in der Lage, jede Situation zu bewältigen, denn er/sie vermag alles durch Christus, der ihn/sie stark macht. .... hält seinen/ihren Mund und seine/ihre Zunge unter Kontrolle und bewahrt sich dadurch vor Schwierigkeiten.

.... schätzt Deine Weisheit, Vater, und strebt nach ihr. Du lenkst seinen/ihren Schritt, machst seinen/ihren Pfad gerade und ebnest ihn. Deswegen, Vater, nimmt .... zu an Deiner Weisheit und gewinnt umfassendes und tiefes Verständnis. .... wächst an Charakter und erlangt Gunst bei Dir und den Menschen. Amen!“

Bezugsstellen:

Jeremia 1,12/ Römer 13,8/ 1. Thessalonicher 4,11-12/ Titus 3,14/ Sprüche 21,23/ Philipper 4,12-13/ 2. Chronika 15,7/ 2. Thessalonicher 3,12-13/ Jesaja 41,10/ Sprüche 3,6/ 2. Korinther 1,3/ Römer 4,4/ Lukas 2,52/ Johannes 16,33/ Sprüche 4,8

55

GEBET, UM GUNST ZU ERLANGEN

„Ich bitte Dich, Vater, dass .... zunimmt an Weisheit, sowie Gunst, Gefallen und Anerkennung bei den Menschen findet.

Herr, ich danke Dir, dass Du Dein Angesicht über .... leuchten lässt und ihm/ihr gegenüber immer gnädig und barmherzig bist. .... ist das Haupt und nicht der Schwanz und steigt immer nur auf und sinkt nicht hinunter.

.... trachtet nach Deinem Reich und Deiner Gerechtigkeit und sucht eifrig das Gute und verschafft sich Gunst.

.... ist vor Dir wohlgefällig und ein Segen für seine/ihre Familie, Nachbarn, Geschäftskollegen usw. Gnade und Gefallen sind mit ihm/ihr, weil er/sie den Herrn Jesus aufrichtig liebt.

.... verbreitet Auferbauung, Ehre und Liebe unter den Menschen, die ihn/sie umgeben. .... fließt in Deiner Liebe, Vater.

.... ist heute erfolgreich. Arme und Türen öffnen sich für ihn/sie. .... ist jemand ganz besonderer für Dich, Herr. Er/sie wächst im Herrn und wird stark im Geist. Vater, Du verleihst ihm/ihr Erkenntnis, Verständnis und Weisheit in geistlichen und natürlichen Dingen. Du schenkst ihm/ihr Gefallen, Erbarmen und Gnade vor jenen Menschen. Im Namen Jesu erlangt .... Gunst in den Augen aller, die heute auf ihn/sie schauen. Er/sie ist erfüllt mit Deiner ganzen Fülle, verwurzelt und gegründet in der Liebe. Du wirkst über das hinaus, was er/sie erbittet oder sich erdenkt, denn Deine mächtige Kraft erfüllt ihn/ sie ganz und gar.

Danke, Vater, dass .... Dein Kind ist und Du ihm/ihr ein guter Vater bist. Amen!“

Bezugsstellen:

Lukas 2,52/ 5. Mose 28,13/ Epheser 6,24/ Daniel 1,9.17/ Sprüche 3,4/ Matthäus 6,33/ Epheser 2,10/ Esther 2,15.17/ 4. Mose 6,25/ Sprüche 11,17/ Lukas 2,40/ Epheser 3,19.20

56

GEBET FÜR SCHULKINDER UND JUGENDLICHE

„Vater, in Jesu Namen bringen wir unsere Kinder und die Jugend Deutschlands, Österreichs und der Schweiz vor Dich. In Jesu Namen sprechen wir Dein Wort und sagen kühn und voll Vertrauen, Vater, dass wir und unsere Familie errettet sind! Wir sind befreit vom Fluch des Gesetzes, da Jesus für uns zum Fluch geworden ist.

Unsere Söhne und Töchter sind uns von Dir gegeben und stehen unter Deiner Obhut. Wir haben Freude an unseren Kindern und sie werden nicht in Gebundenheit sein.

Als Eltern lehren wir unsere Kinder den Weg, den sie gehen sollen, und wenn sie älter sind, werden sie nicht davon abweichen.

Unsere Kinder schrecken vor allem zurück, was Dich, Vater, betrüben und den Namen Jesu Christi in den Schmutz ziehen könnte. Sie zeigen sich als tadellose, arglose, unschuldige und unverdorbene Kinder Gottes, die ohne Makel inmitten einer unehrlichen und boshaften Generation leben. Danke, Vater, dass Du ihnen Wissen, Geschick und Weisheit gibst und sie dadurch von den Menschen in ihrer Umgebung Gunst bekommen.

Vater, wir beten und leisten Fürbitte, dass sich die jungen Menschen sowie ihre Eltern und ihre Lehrer an den Schulen, von unreinen und schlechten Einflüssen fernhalten. Sie reinigen sich von allem, was ihren Geist, ihre Seele und ihren Leib verunreinigen und beflecken würde. Wir beten, dass sie Unmoral und alle sexuellen Freiheiten meiden und unreinen Gedanken, Worten und Taten entfliehen. Wir beten, dass sie ehrbar und anständig wandeln, wie im hellen Licht des Tages und jugendliche Lüste meiden und ihnen in Jesu Namen entfliehen.

Satan, wir sprechen im Namen Jesu zu dir. Wir binden dich, die Fürstentümer, die Mächte, die Herrscher der Finsternis und alle bösen Geister an himmlischen Örtern! In Jesu Namen reißen wir Festungen nieder, indem wir die mächtigen Waffen gebrauchen, mit denen Gott uns ausgestattet hat. Wir binden den verblendenden Geist des Antichrists. Wir binden jeden Geist des Okkultismus, der Astrologie, der Hexerei und jeden Geist der New-Age-Lehre. Wir binden sexuelle Unmoral, Götzendienst, Obszönität und Gottlosigkeit. Wir binden jeden Geist, der das Leben unserer Jugend durch Alkohol, Nikotin oder Drogen kontrolliert. Wir binden falsche, weltliche Weisheit in jeglicher Form - insbesondere Humanismus und jeden Gegner der Wahrheit. Wir binden jeden zerstörerischen, betrügerischen, lügnerischen und räuberischen Geist. In Jesu Namen sind eure Angriffe gegen diese jungen Menschen zerstört und sie sind nun von den Schlingen des Teufels, der sie gebunden hatte, befreit.

Wir senden in Jesu Namen Gottes Engel, die dienstbaren Geister, aus, um das Schulgelände von .... (nenne einen bestimmten Ort, eine Region, ein Land) zu überwachen und dafür zu sorgen, dass die Mächte der Dunkelheit weichen.

Wir preisen Dich, Vater, dass wir unsere Kinder auf den Wegen der Frömmigkeit und Tugend wandeln sehen und dass sie Deinen Namen verehren. Jene, die geistlich falsche Wege gehen, werden Verständnis erlangen und jene, die unzufrieden sind und murren, werden Korrektur annehmen, um den Willen Jesu zu tun. Sie werden anfangen, Deine Ziele in ihrem Leben umzusetzen, denn Du, Vater, bist in ihren Herzen an erster Stelle. Wir umgeben unsere Kinder mit unserem Glauben und vertrauen Deinem Wort. In Jesu Namen, Amen!“

Bezugsstellen:

Apostelgeschichte 16,31/ Sprüche 22,6/ 2. Korinther 7,1/ Epheser 5,4/ 2. Timotheus 2,26/ Jesaja 29,23-24/ Galater 3,13/ Philipper 2,15-16/ 1. Korinther 6,18/ 2. Timotheus 2,22/ Hebräer 1,14/ 1. Johannes 2,17/ 5. Mose 28,32.41/ 2. Timotheus 2,21/ Römer 13,13/ Matthäus 18,18/ Kolosser 2,3

57

GEBET FÜR ALLEINSTEHENDE UND LEDIGE

„Ich trete vor Dich, Vater, und bringe .... im Gebet vor Dich. Er/sie ist mit Dir vereint, Herr, und ein Geist mit Dir geworden. .... meidet deshalb jede Unmoral und Ausschweifungen jeglicher Art.

.... hält sich von Unreinheit in Gedanken, in Wort und Tat fern. Er/sie wird nicht gegen seinen/ihren Körper sündigen, sondern meidet jugendliche Lüste. ....'s Körper ist der Tempel des Heiligen Geistes, der in ihm/ihr wohnt und den er/sie als Gabe von Gott empfangen hat. Er/sie gehört nicht sich selbst. .... wurde zu einem hohen Preis, nämlich durch das kostbare Blut Jesu Christi, erkauft und so zu Gottes Eigentum gemacht. Er/sie wird Gott ehren und Ihm an Leib, Seele und Geist Ehre darbringen.

.... macht sich Gerechtigkeit zum Ziel und jagt ihr nach, denn das ist wertvoll und gut in Deinen Augen. Er/sie passt sich in seinen/ihren Gedanken, Worten und Taten Deinem Willen an. .... setzt sich Glauben, Liebe und Frieden zum Ziel und eifert danach; dadurch ist er/sie in der Lage, mit anderen Christen in Harmonie zu leben.

.... weicht vor allem zurück, was Dich, Vater, beleidigen oder dem Namen Christi Unehre machen könnte. Er/sie erweist sich als tadelloses, argloses, unschuldiges und unverdorbenes Kind Gottes. Inmitten eines verdrehten und verkehrten Geschlechtes gilt .... als makellos und leuchtet wie ein helles Licht in der Finsternis.

Danke, Vater, dass diese Dinge im Leben von .... geschehen! Amen!“

Bezugsstellen:

1. Korinther 6,17-20/ 2. Timotheus 2,22/ Philipper 2,15-16

58

GEBET FÜR EINE LEDIGE FRAU, DIE GOTT FÜR EINEN EHE-MANN VERTRAUT

„Vater, im Namen Jesus glaube ich, dass Du .... mit Deinem Besten versorgst. Ich glaube, dass Du bereits einen guten, gläubigen Ehemann für sie ausgewählt hast.

Vater, so wie Du über Jerusalem gejubelt hast, so wird der Bräutigam über .... jubeln. Danke, Vater, dass er sie lieben wird, wie Christus die Gemeinde liebt. Er wird sie versorgen, beschützen und wertschätzen.

Vater, ich glaube, dass es ein Mann ist, der nicht von Zweifeln oder Unsicherheit geprägt ist, da er Dein Bester für .... ist. Ich bete, Vater, dass er in Deinem Wort gegründet ist, ständig darüber nachsinnt und danach handelt. Er erkennt Deinen Willen und Deinen Ratschlag und ist erfüllt von Deiner Weisheit und Erkenntnis. Er spricht und handelt gemäß Deinem Wort. Er wandelt in vollkommener Liebe; er schätzt andere mehr als sich selbst und bevorzugt ....

Ich preise Dich, Vater, dass .... somit einen guten Ehemann bekommt, dass sie zueinander finden und sich mehr und mehr lieben lernen. Ich bete auch, dass .... sich von allem abwendet, was nicht von Dir ist und dass Dein Wort die höchste Priorität in ihrem Leben hat.

Dank sei Dir, Vater, dass Du dieses Gebet erhört hast. Amen!“

Bezugsstellen:

Jesaja 62,5/ Sprüche 8,8/ Epheser 5,25/ Jakobus 3,16-17

59

GEBET FÜR EINEN LEDIGEN MANN, DER GOTT FÜR EINE EHEFRAU VERTRAUT

„Vater, im Namen Jesus glaube ich, dass Du .... mit einer für ihn passenden Gehilfin versorgst. Gemäß Deinem Wort wird es eine Frau sein, die sich ihm anpasst, ihn respektiert, ehrt, bevorzugt und schätzt und die fest an seiner Seite bleibt. Ich bete, dass es eine Frau ist, die im Geist und in ihren Zielen mit ihm eins ist, die gleiche Liebe hat, in völliger Übereinstimmung mit ihm ist und die gleichen Absichten hat.

Vater, Du sagst in Deinem Wort, dass eine weise, verständnisvolle und besonnene Frau von Dir ist und dass der Mann, der eine solche Frau findet, Gutes erhält und Wohlgefallen vor Dir erlangt.

Vater, ich weiß, dass .... von Dir Gunst erhalten hat und dass er diese für ihn bestimmte Frau, welche die Beste ist, die Du für ihn hast, bekommt.

Vater, ich sage Dir für die Erhörung meines Gebetes Dank. Amen!"

Bezugsstellen:

Epheser 5,22-33/ Philipper 2,2/ Sprüche 1,22/ Sprüche 19,14

60

GEBET FÜR EINHEIT MIT IHM

„Ich höre die Stimme des ‚guten Hirten'. Ich höre die Stimme meines Vaters, und der Stimme eines Fremden werde ich nicht folgen. Ich wälze meine Werke auf den Herrn. Ich vertraue sie Ihm ganz an. Dann wird Er meine Gedanken formen, dass sie mit Seinem Willen übereinstimmen, und so kommen meine Pläne zustande und gelingen.

Ich habe den Sinn Christi und die Gedanken, Gefühle und Absichten Seines Herzens. Amen!"

Bezugsstellen:

Johannes 10,27/ Sprüche 16,3/ 1. Korinther 2,16

61

IN IHM

„Jesus ist Herr über meinen Geist, meine Seele und meinen Körper. Aus Ihm kommt es, dass ich eine neue Schöpfung bin. Er ist für mich von Gott zur Weisheit, Gerechtigkeit, Heiligkeit und Erlösung gemacht worden. Alles vermag ich durch den, der mich stark macht. Amen!"

Bezugsstellen:

Philipper 2,9-11/ 1. Korinther 1,30/ Philipper 4,13

62

LIEBE

„Die Liebe Gottes ist durch den Heiligen Geist in mein Herz ausgegossen und Seine Liebe bleibt reichlich in mir. Ich bleibe im Reich des Lichts, in der Liebe und im Wort und der Böse tastet mich nicht an. Die vollkommene Liebe in mir treibt jede Furcht aus. Amen!“

Bezugsstellen:

Römer 5,5/ 1. Johannes 4,16/ 1. Johannes 5,18/ 1. Johannes 4,18

63

GLAUBENSWANDEL

„Ich bin fest im Glauben verwurzelt und lasse mich nicht von Zweifeln hin- und herreißen. Ich halte an meinen Glaubensbekenntnissen fest. Ich entscheide mich, im Glauben zu wandeln und ihn praktisch auszuleben. Mein Glaube kommt durch wiederholtes Hören des Wortes Gottes. Jesus ist der Urheber und der Vollender meines Glaubens. Amen!“

Bezugsquellen:

Hebräer 4,14/ Hebräer 11,6/ Römer 10,17/ Hebräer 12,2

64

VERSORGUNG

„Der Herr ist mein Hirte, mir wird nichts mangeln. Mein Gott aber wird alle meine Bedürfnisse erfüllen nach Seinem Reichtum in Herrlichkeit in Christus Jesus. Amen!“

Bezugsstellen:

Psalm 23/ Philipper 4,19

65

GESUNDHEIT

„Ich bin ein Glied des Leibes Christi. Ich bin erlöst vom Fluch, denn Jesus hat meine Krankheiten und Leiden an Seinem eigenen Leib getragen. Durch Seine Striemen bin ich geheilt. Ich verbiete jeder Krankheit und jedem Leiden, in meinem Körper zu wirken. Jedes Organ und jegliches Gewebe in meinem Körper funktioniert in der Vollkommenheit, wozu Gott es geschaffen hat. Ich ehre und rühme Gott durch die Gesundheit meines Leibes. Amen!“

Bezugsstellen:

Galater 3,13/ Matthäus 8,17/ 1. Petrus 2,24/ 1. Korinther 6,20

66

ÜBERWINDEN

„Ich überwinde die Welt, denn ich bin aus Gott geboren. Ich repräsentiere den Vater, Jesus und den Heiligen Geist. Ich bin ein einzigartiges und nützliches Mitglied im Leib Christi. Ich bin Sein Sohn/Seine Tochter, neugeschaffen in Christus. Gott, mein Vater, wirkt in mir zu Seinem Wohlgefallen sowohl das Wollen als auch das Vollbringen. Ich lasse das Wort reichlich in mir wohnen. Der, welcher ein gutes Werk in mir angefangen hat, wird es bis auf den Tag Jesu Christi auch vollenden. Amen!“

Bezugsstellen:

1. Johannes 5,4-5/ Epheser 2,10/ Philipper 2,13/ Kolosser 3,16/ Philipper 1,6

67

ZUVERSICHT

„Ich fürchte mich nicht, denn Gott hat mir einen Geist der Kraft, der Liebe und der Besonnenheit gegeben. Gott ist in mir und auf meiner Seite. Amen!"

Bezugsstellen:

2. Timotheus 1,7/ Römer 8,31

68

AUTORITÄT

„Ich trete auf Schlangen und Skorpione und auf alle Macht des Feindes. Ich nehme meinen Schild des Glaubens und lösche jeden feurigen Pfeil des Bösen aus. Größer ist der, der in mir ist, als der, welcher in der Welt ist. Amen!"

Bezugsstellen:

Psalm 91,13/ Epheser 6,16/ 1. Johannes 4,4

69

FREIHEIT

„Ich bin von dieser gegenwärtigen bösen Welt befreit. Ich sitze mit Christus an himmlischen Orten. Mein eigentlicher Wohnsitz ist im Reich Gottes. Das Gesetz des Geistes des Lebens in Christus Jesus hat mich freigemacht vom Gesetz der Sünde und des Todes. Amen!“

Bezugsstellen:

Galater 1,6/ Epheser 2,6/ Kolosser 1,13/ Römer 8,2

70

WEISHEIT

„Aus Ihm aber kommt es, dass ich in Christus Jesus bin, der mir Weisheit, Gerechtigkeit, Heiligkeit und Erlösung von Gott geworden ist. Mein Mund als der eines Gerechten lässt Weisheit sprießen. Wenn mir Weisheit mangelt, so erbitte ich sie von Gott, der sie mir willig gibt. Ich werde mit einem klugen Mann verglichen, der sein Haus auf den Felsen baute, weil ich Seine Worte höre und tue. Der Herr gibt mir Weisheit und aus Seinem Munde kommen Erkenntnis, Unterscheidung und Verständnis. Amen!"

Bezugsstellen:

1. Korinther 1,30/ Sprüche 10,31/ Jakobus 1,5/ Matthäus 7,24/ Sprüche 2,6

Gebet zur Errettung und Erfüllung mit dem Heiligen Geist

Himmlischer Vater - ich komme im Namen Jesu zu Dir. Dein Wort sagt: „Jeder, der den Namen des Herrn anruft, wird errettet werden“ (Apostelgeschichte 2,21). Ich rufe Dich jetzt an und bitte Jesus, in mein Herz zu kommen und gemäß Römer 10,9-10, der Herr meines Lebens zu sein: „Denn wenn du mit deinem Munde Jesus als Herrn bekennst und in deinem Herzen glaubst, dass Gott ihn von den Toten auferweckt hat, so wirst du gerettet, denn mit dem Herzen glaubt man, um gerecht, und mit dem Munde bekennt man, um gerettet zu werden.“ Ich tue dies nun: Ich bekenne, dass Jesus mein Herr ist und ich glaube, dass Du, Vater, Ihn von den Toten auferweckt hast.

Nun bin ich wiedergeboren! Ich bin jetzt ein Christ - ein Kind des Allmächtigen Gottes! Ich bin gerettet!

Vater, Du sagst in Deinem Wort auch: „So nun ihr, die ihr böse seid, euren Kindern gute Gaben zu geben versteht, wie viel mehr wird der Vater im Himmel den Heiligen Geist denen geben, die ihn bitten“ (Lukas 11,13). Ich bitte Dich jetzt auch, mich mit dem Heiligen Geist zu erfüllen. Heiliger Geist, erweise Dich stark in mir, wenn ich Gott, meinen Vater, preise und lobe! Ich erwarte im Glauben, jetzt in anderen Zungen zu sprechen, so wie Du, Heiliger Geist, es mir auszusprechen gibst (Apostelgeschichte 2,4).

Fange an, Gott dafür zu danken, dass Er dich mit dem Heiligen Geist erfüllt hat. Sprich die Worte und Silben aus, die du empfängst, aber nicht in deiner deutschen Sprache, sondern in der Sprache, die der Heilige Geist dir auszusprechen gibt. Du musst deine eigene Stimme verwenden, denn Gott wird nicht für dich sprechen. Bete Gott an und preise Ihn in deiner himmlischen Sprache!

Fahre mit dem Segen fort, den Gott dir gab und bete jeden Tag in Zungen. Du bist nun ein wiedergeborener, geisterfüllter Gläubiger. Du wirst niemals mehr derselbe Mensch sein!

ÜBER DEN AUTOR

Manfred Karl Schmidt wurde am 14.06.1953 in Regensburg geboren. Bereits als junger Mann war er intensiv auf der Suche nach Gott und dem Sinn des Lebens. Er studierte viele Religionen und begab sich sogar in Drogen. Sein zunächst erfolgloses Suchen wurde endlich belohnt, als er durch das intensive Gebet seiner Mutter und einem Buch von T. L. Osborn Jesus als den einzigen Weg zu Gott erkannte. 1973 übergab er sein Leben Jesus Christus und nach einer dramatischen Begegnung mit dem Herrn stellte Manfred fest, dass er schlagartig von Drogen befreit und körperlich geheilt worden war. Dieses Erlebnis und das starke Bewusstsein, dass er eine völlig neue Schöpfung in Christus war (2. Korinther 5,17), ließen ihn sein ganzes Leben lang nicht mehr los.

Es folgten vier Jahre bei der Marine, in denen ihn der Herr durch das Studieren von Büchern, anhand der Bibel, zubereitete. Danach legte ihm der Herr ein großes Verlangen ins Herz, den Unerreichten, vor allem jungen Menschen, das Evangelium zu bringen. Im Alter von 25 Jahren war er als Evangelist und Musiker unter dem Namen „Pilgrim" in ganz Deutschland unterwegs und hielt vor allem auf Kleinkunstbühnen, in Teestuben als auch in Kirchen und christlichen Gemeinden Gospelkonzerte. Sein Dienst wurde von außergewöhnlichen Wundern und Heilungen begleitet.

Manfred half während dieser Zeit auch mit, einige Gemeinden zu gründen und aufzubauen. Zu jener Zeit lernte er die Gemeindesituation in Deutschland kennen.

Es befremdeten ihn vor allem die unterschiedlichen, sich oft widersprechenden Lehrmeinungen der vielen Richtungen, Strömungen und Denominationen. In Manfred entstand der starke Wunsch, den Leib Christi zur Einheit und die vielen schwachen, von Problemen gebeutelten Christen in die Freiheit zu führen. Deshalb studierte er wiederum unzählige christliche Bücher und fand in der Schrift und seinem Geist bestätigt, dass die Einheit des Glaubens und der persönliche Sieg jedes Christen nur über das offenbarte Wort möglich sei.

Deshalb gründete er 1985 auf den Auftrag des Herrn in Regensburg einen Buch- und Musikladen und eine Gemeinde sowie 1987 den Shalom-Verlag. Manfred verfolgte das Ziel des Herrn, all die Bücher der Autoren und Dienstgaben in Deutsch herauszubringen, die ihn selbst so gesegnet hatten. So begann die Verlagstätigkeit mit dem ersten Buch „Du bist Gottes Bestes". T. L. & Daisy Osborn hatten Manfred zuvor eine Gratifikation ausgestellt, die ihm erlaubte, das gesamte Material der Osborns zu publizieren, nachdem sie selbst bereits 12 Jahre für einen Dienst gebetet hatten, der dies in Deutschland ausführen würde.

In den späteren Jahren kamen durch die Gunst und Gnade des Herrn weitere wichtige Autoren wie z.B. Kenneth & Gloria Copeland, Charles Capps und viele andere hinzu. Als im Jahr 2000 erstmalig die Rechte für den Autor E.W. Kenyon an einen ausländischen Dienst vergeben wurden, ging für Manfred ein Lebenstraum in Erfüllung und die Vision des Shalom-Verlages, dem Leser Offenbarungserkenntnis aus Gottes Wort zu vermitteln, wurde weiter gestärkt. Als Leiter von Kenyon Publishing Europe initiierte er die Übersetzung und Verbreitung von E.W. Kenyons Büchern, nicht nur in den deutschsprachigen, sondern auch in den übrigen europäischen Ländern.

Manfred selbst schrieb im Laufe der Jahre 22 eigene Bücher und Minibücher. Sein erstes Buch „Israel - Gibt es eine Lösung des Nahostkonflikts" demonstriert seine Liebe zum Volk Israel. „Tod und Leben sind in der Gewalt der Sprache" schenkt uns Einsicht in die Macht des Bekenntnisses. „Biblischer Wohlstand funktioniert!" zeigt auf, dass biblisch korrektes Geben von Finanzen der Schlüssel zur wahren Erweckung in der Gemeinde ist. Die Schriften der letzten Jahre galten vor allem seinem Bestreben, den Leib Christi durch das Wort zu reformieren, indem er Irrlehren und Kompromisse aufzeigte und Lösungen dafür darlegte, nach dem Motto „Reformation kommt vor Erweckung". Er war auch Liedschreiber sowie Produzent und vertonte viele seiner Lieder.

Manfred verfolgte stets das Ziel, bis zu seinem Heimgang am 27.10.2010, das volle Evangelium zu verbreiten. Dank seinem enormen Einsatz ist der Shalom-Verlag im Laufe von 25 Jahren zu einem Inbegriff für hervorragendes, biblisch reines Material geworden.

Er ist seinem Ruf, zuerst als Musiker und Evangelist, später als Pastor und Verlagsleiter, Mentor, Reformator und Prophet, gefolgt, und hinterlässt nach 33-jährigem Dienst für den Herrn ein reiches geistliches Erbe.

Weitere Publikationen des Shalom-Verlages:

John Avanzini
30, 60, Hundertfältig
Der Reichtum der Welt
Krieg den Schulden
Gott garantiert Schuldenfreiheit
Mehr als genug
Es funktioniert nicht, Bruder John!
Fordere dein gestohlenes Eigentum zurück
Christen, die bettteln?
Der besiegte Feind
Geld hat eine Sprache
Sind der Zehnte und die Opfergabe dasselbe?
Überwinde die sieben Todesängste
Was bedeutet „hundertfältig"?
Wer verursacht deine Probleme?
Wie viel Geld ist genug?
Bewege die Hand Gottes
Ständiger Überfluss
Kraftvolle Prinzipien der Zunahme
Sieben zuverlässige Schritte zur Zunahme
Die Gesetze der Ernte
22 Schlüssel für einen geöffneten Himmel
Den Zehnten geben – heute noch aktuell?
Finanzielle Vortrefflichkeit

Mark T. Barclay
Wie man das richtige Verhältnis zum Pastor ...

Buddy Bell
Der Dienst der Hilfeleistung
Der Segen der Hilfeleistung

F.F. Bosworth
Biblischer Glaube empfängt

Mark Brazee
Ist das Problem größer als dein Glaube?
Heilung: Zufall oder Entscheidung?
31 Tage der Heilung – Tägliche Andachten

Annette Capps
Verfolgung verstehen
Quanten-Glaube
Verwandle den Fluch in Segen

Beverly Capps
Die drei Bären im Dienst
Klein Hühnchen überwindet Angst
Hans und die Bohnenstange
Die drei kleinen Schweinchen
Rotkäppchen
Gottes schöpferische Kraft f. Babys & Kleinkinder
Gottes schöpferische Kraft für Vorschulkinder
Gottes schöpferische Kraft für Kinder
Gottes schöpferische Kraft für Großeltern

Charles Capps
Gottes Bild von dir
Die Sprache – eine schöpferische Kraft
Freisetzung des Wirkens Gottes durch Gebet
Hoffnung – ein Partner des Glaubens
Verändere das Sichtbare u. forme das Unsichtbare
Endzeitereignisse
Glaube und Bekenntnis
Schlachte die heiligen Kühe der Irrlehren
Autorität in drei Welten
Wie du Tragödien vermeiden kannst
Der Bote Satans
Erfolgsmotivation durch das Wort
Der Glaube – die Grundlage der Dinge
Göttlicher Glaube ändert sich nicht
Das Licht des Lebens im Geist des Menschen
Wenn Jesus durch dich betet
Glaube, der durch dich wirksam ist
Saat und Ernte
Gottes schöpferische Kraft
Gottes schöpferische Kraft für Heilung

Charles & Anette Capps
Gottes schöpferische Kraft für Finanzen
Der Dienst der Engel

Yonggi Cho
Schlüssel zum siegreichen Leben

Gloria Copeland

Der unbesiegbare Geist des Glaubens
Dem Vater wohlgefallen
Gottes Wille für deine Heilung
Dränge hinein – es lohnt sich!
Ernte der Gesundheit
Gottes Erfolgsformel
Gottes Wille für dich
Gottes Rezept für Gesundheit
Kämpfe weiter!
Leuchte weiter! Überwinde Verfolgung
Ohne Einlage kein Ertrag
Baue dir eine Arche – Befreiung von Gefahr
Das Warten lohnt sich
Lebe jetzt in den Segnungen des Himmels
Sei ein Gefäß zur Ehre!
Der Heilige Geist ist Gottes Wille
Baue dein finanzielles Fundament
Liebe – das Geheimnis zu deinem Erfolg
Die Kraft, ein neues Leben zu führen
Der Schutz der Engel
Bist du bereit?
Gott hat ein Wunder für dich
Jesus – derselbe heute
Wahrer Wohlstand
Wandle im Fluss des Heiligen Geistes
Gott sucht einen Empfänger
... und Jesus heilte sie alle
Vom Himmel hören
Über alle Maßen gesegnet
Verborgene Schätze (aus den Sprüchen)
Nichts ist so hoch wie der Allerhöchste
Wohlstand ist der Wille Gottes
Die Gnade, die uns heiligt

Kenneth Copeland

Der Blutbund
Der Segen des Herrn
Dein gerechter Stand vor Gott
Der übernatürliche Bereich der Liebe Gottes
Die Einstellung eines Siegers
Die Entscheidung liegt bei dir
Die Kraft der Gerechtigkeit
Die Kraft des Glaubens
Die Liebe versagt nie
Du bist geheilt!
Frei von Angst
Gebet – dein Fundament für Erfolg
Geben und Empfangen
Das Bild Gottes in dir
Glaube und Ausdauer – das Kraftduo
Jetzt, da du in Jesus Christus bist
Sechs Schritte zur Vortrefflichkeit im Dienst
Sorge dich nicht! - Sieg über Kummer und Leid
Wie diszipliniert man sein Fleisch?
Wie du stets die richtige Entscheidung triffst
Wie überwindet man Streit?
Willkommen in der Familie Gottes
Wir leben am Ende des Zeitalters ...
Unser Bund mit Gott
Wohlstand – die Entscheidung liegt bei Dir
In der Liebe ist keine Furcht
Verwandle deine Verletzungen in Ernteerträge!
Die geistlichen Gesetze des Wohlstands
Kriegsgerüchte
Die Macht der Zunge
Die Empfindsamkeit des Herzens
Ehre – Leben in Ehrlichkeit, Wahrheit u. Integrität
Die Kraft, für immer frei zu sein
Kenne deinen Feind
Liebesbriefe vom Himmel
Verwalter von Gottes und deiner Finanzen

Kenneth & Gloria Copeland

Aus Glauben zum Glauben (Andachtsbuch)
Baue dich auf (Andachtsbuch)
Grenzenlose Liebe (Andachtsbuch)
Trachte nach Seiner Gegenwart (Andachtsbuch)
Wohlstandsverheißungen
Familienverheißungen
Schutzverheißungen
Kindererziehung ohne Angst

Commander Kellie/Ch.Maselli – Superkids

Die geheimnisvolle Gegenwart (Kinderroman)

Billy Joe Daugherty

Glaubenskraft
Wie man die Stürme des Lebens überwindet
Du bist wertvoll
Sieben Schlüssel zur Familien-Power
Vollkommener Sieg
Das Ziel: Reife
Fleiß bringt Ergebnisse

Brenne für den Herrn
Das bestmögliche Leben
Dieses neue Leben
Du kannst neu anfangen!
Gnade und Barmherzigkeit
Finde deine Berufung
Erneuere Dein Denken
Ordne deine Prioritäten
Erlange zurück, was der Teufel gestohlen hat
Verwandle deine Verletzungen in Siege
Wie man den Willen Gottes erkennt

Sharon Daugherty
An seine Seite berufen

Creflo A. Dollar Jr.
Die göttliche Ordnung des Glaubens
Zuversicht – die fehlende Grundlage des Glaubens

Taffi Dollar
Belebe dein geistliches Leben in nur 21 Tagen
Authentisch - trau dich, echt zu sein

Guy Duininck
Wie bringt man eine Vision von Gott zustande?

Jesse Duplantis
Laufe auf deinen Riesen zu
Der Kampf des Lebens
Lass dich von den Nachrichten der Welt nicht ...
Halte deinen Fuß auf dem Nacken des Teufels!
Mein Besuch im Himmel

Willie George
Gospel Bill und der Bandit
Gospel Bill und der Hengst
Studienhefte Glaubenswurzeln
für Kindern von 6–8 Jahren
Studienbände Glaubenswurzeln
für Kinder von 2-5 Jahren

Rick Godwin
Trainieren, um zu Regieren

Doyle Harrison
Autorität verstehen
Barmherzigkeit

Pat Harrison
Frau, Ehefrau, Mutter

Norvel Hayes
Der einzige Weg im Kampf gegen den Teufel
Der Segen des Gehorsams
Fehlgeleiteter Glaube – wer ist deine Quelle?
Glaube vertraut keinen Gefühlen
Warum du in Zungen beten sollst
Wie deine Gebete erhört werden
Bekenntnis bringt Ergebnisse
Dein Herz beunruhige sich nicht
Was kann man tun, um Heilung zu empfangen?

Roy Hicks
Wer lacht, der überwindet

E.W. Kenyon
Bibelkurs für Fortgeschrittene
Identifizierung – Liebesgeschichte der Erlösung
Jesus, der Heiler
Die Realitäten der neuen Schöpfung (Gebunden)
Die Realitäten der neuen Schöpfung (Paperback)
Der Blutbund
Die zwei Arten der Gerechtigkeit
Die zwei Arten der Erkenntnis
Die zwei Arten des Glaubens
Der wunderbare Name Jesu
Wegweiser auf der Straße zum Erfolg
Was geschah vom Kreuz bis zum Thron?
Die Bibel im Licht unserer Erlösung
Die neue Art der Liebe
Persönliche Evangelisation
Die zwei Arten des Lebens
Der Vater und Seine Familie
Der verborgene Mensch des Herzens
In Seiner Gegenwart
Wie man Christ wird & Nimm in Anspruch ...

Dr. E.W. Kenyon & Don Gossett
Die Kraft deiner Worte
Die Kraft des gesprochenen Glaubens

Joe McIntyre
E.W. Kenyon – Seine wahre Lebensgeschichte

Jackie Mize
Übernatürliche Entbindung

Daisy Osborn
Die Frau Gottes
Wenn Frauen Gewinner werden
Die neue Frau für die neue Gemeinde
Die Frau mit göttlichem Selbstwert

T. L. Osborn

Neue Aussichten
Glaube, Hoffnung und Liebe
Gebete, die Wunder wirken
Wagender Glaube
Drei Gaben, die dich zum Gewinner machen
100 Tatsachen über Heilung
Aufschwung des Glaubens
Im Zielpunkt mit Gott
Kraft der Liebe
Dynamisches Leben
Unbegrenzter Erfolg
Samen des Erfolgs
Handbuch für Seelengewinner
Heilung durch Christus
Die Sprache des Glaubens
Drei Schlüssel zur Apostelgeschichte
Gottes Bund der Fülle
Vorstoß (Weltevangelisation)
Wie erhält man Wunderheilung?
Du bist Gottes Bestes!
Der große Liebesplan
Die Kraft des göttlichen Begehrens
Krankenheilung (überarbeitete Neuauflage)
Glaube, der deine Welt verändert
Biblische Heilung
Die Botschaft, die funktioniert
Das beste Leben

Daisy & T.L. Osborn

Blick auf! Blick auf!
Als Jesus unser Haus besuchte

Frederick K.C. Price

Wer ist Satan?
Gott für alles danken?
Wie vertraut man Gott f. d. richtigen Ehepartner?
Gottes Glaube ist jetzt
Homosexualität – angeborener Zustand oder ...?
Drei Schlüssel zum positiven Bekenntnis
Identifizierung mit Christus

Oral Roberts

Das Wunder des Saatglaubens

Terri Savelle Foy

Du bist werfvoll für Gott
Träume groß

Jerry Savelle

Ehre dein Erbe des Glaubens
Wenn Satan deine Freude nicht rauben kann ...
Wenn Satan deine Träume nicht rauben kann ...

Shalom-Verlag

Bekenntnisse (Gebete) für Kinder
Gott sehnt sich nach Dir
Kinder, ergreift die Waffenrüstung Gottes!

Lester Sumrall

Dämonen – das Buch der Antworten
Von der Vision ergriffen
Joseph
Welthunger

Hilton Sutton

Das Buch der Offenbarung enthüllt

Manfred Schmidt

Bete Verheißungen!
– Meine Worte werden nicht vergehen
Tod und Leben sind in der Gewalt der Sprache
Israel – Gibt es eine Lösung des Nahostkonflikts?
Wer darf sich in der Gemeinde als Dienstgabe bezeichnen?
Umhergeworfen ... von jedem Wind der Lehre
Wie kommt die Gemeinde zur Einheit des Glaubens?
Segenshindernisse
Kompromisse im Leib Christi
Gottes Plan der Evangelisation
Biblischer Gemeindebau
Stolz, Machtstreben und Geldgier – 3 Fallstricke Satans
Wie man ein völlig neuer Mensch wird und ...
Die 5 Taktiken Satans, Christen das Wort zu rauben
Wie lebt man das Christus-Leben?
Die göttliche Art des Glaubens
Ist Gott der Verursacher von Gutem und Bösem?
Brauchen Christen Befreiung?
Verstehe Gottes Autoritätsordnung
Sprich Gottes Wort! (vorher Neutestamentl. Gebete)
Erkenne verführende Geister
Wie hört man den Heiligen Geist?
Biblischer Wohlstand funktioniert

Casey Treat

Die Erneuerung des Sinnes

Word Ministries

Gebete, die viel bewirken (Band 1)
Gebete, die viel bewirken (Band 2)

Lilian B. Yeomans

Seine Heilungskraft

Notizen: